Migración forzada, derechos humanos y salud sexual y reproductiva

Reconocimiento

'Un análisis conceptual y empiricamente rico fundamentado en la realidad y que coloca a los derechos humanos de las mujeres y niñas a la vanguardia de la reforma del sistema internacional de protección de las personas refugiadas.'

Alex Aleinikoff, The New School for Social Research

'Este es un libro poderoso e importante, que revela la complejidad de la dimension de género en la experiencia migratoria y las categorizaciones que sirven para excluir a las mujeres y a otras personas de protección y apoyo.'

Heaven Crawley, Universidad de las Naciones Unidas

Migración forzada, derechos humanos y salud sexual y reproductiva
Una perspectiva de género sobre las brechas de protección en América Latina

Natalia Cintra, David Owen y Pía Riggirozzi

Practical Action Publishing Ltd
25 Albert Street, Rugby, Warwickshire, CV21 2SD, Reino Unido
www.practicalactionpublishing.com

© Natalia Cintra, David Owen y Pía Riggirozzi, 2023

El derecho moral de los autores a ser identificados como autores de la obra ha sido afirmado en virtud de las secciones 77 y 78 de la Ley de Derecho de Autor de 1988, Diseños y Patentes.

Todos los derechos reservados. Queda prohibida la reimpresión, reproducción o utilización total o parcial de esta publicación, en cualquier forma o por cualquier medio electrónico, mecánico o de otro tipo, conocido o por inventar, incluidos el fotocopiado y la grabación, o en cualquier sistema de almacenamiento o recuperación de información, sin la autorización escrita de los editores.

Los nombres de productos o empresas pueden ser marcas comerciales o marcas comerciales registradas, y se usan solo para identificación y explicación sin intención de infringir.

Un registro de catálogo para este libro está disponible en la British Library.

Se ha solicitado un registro de catálogo de este libro a la Library of Congress.

ISBN 978-1-78853-268-6 Tapa Blanda
ISBN 978-1-78853-269-3 Tapa dura
ISBN 978-1-78853-270-9 Libro electrónico

Cita: Cintra, N., Owen, D., y Riggirozzi, P. (2023), *Migración forzada, derechos humanos y salud sexual y reproductiva*: Una perspectiva de género sobre las brechas de protección en América Latina. Rugby, Reino Unido: Practical Action Publishing
http://doi.org/10.3362/9781788532709

Desde 1974, Practical Action Publishing ha publicado y difundido libros e información en apoyo del trabajo de desarrollo internacional en todo el mundo. Practical Action Publishing es un nombre comercial de Practical Action Publishing Ltd (N.º de registro de la empresa 1159018), la editorial de propiedad absoluta de Practical Action. Practical Action Publishing comercia solo en apoyo de sus objetivos de caridad matriz y cualquier ganancia se devuelve a Practical Action (Charity Reg. No. 247257, Group VAT Registry No. 880 9924 76).

Los puntos de vista y opiniones en esta publicación son los de los autores y no representan los de Practical Action Publishing Ltd o su organización benéfica matriz Practical Action.

Se han realizado esfuerzos razonables para publicar datos e información confiables, pero los autores y el editor no pueden asumir responsabilidad por la validez de todos los materiales o por las consecuencias de su uso.

Fotografía de la tapa del libro por Bruna Curcio: Migrantes, bajo la dirección del ejército, se dividen en las tareas diarias de mantenimiento y limpieza de los albergues. Refugio Rondon III, Boa Vista, Roraima, Brasil. Febrero de 2020.

Diseño de portada: Katarzyna Markowska, Practical Action Publishing
Composición tipográfica: vPrompt eServices, India

Dedicamos este libro a todas las mujeres desplazadas y a las mujeres que nos han apoyado en nuestra propia jornada a lo largo de este proyecto.

Contenidos

Lista de tablas y figuras		ix
Agradecimientos		xi
Introducción		1
Capítulo UNO:	El carácter de género de la migración forzada	13
Capítulo DOS:	La problemática distinción entre migrante y refugiado en América Latina	33
Capítulo TRES:	Marcos normativos de migración y asilo en América Latina	47
Capítulo CUATRO:	La protección del derecho humano a la salud de mujeres y niñas venezolanas desplazadas por necesidad	65
Capítulo CINCO:	Responsabilidad y ética del desplazamiento forzado en América del Sur	87
Conclusión		111
Notas		119
Referencias bibliográficas		123

Lista de tablas y figuras

Figuras

4.1 Riesgos y necesidades en la salud sexual y reproductiva
   durante y por el desplazamiento   80
4.2 Barreras al acceso a servicios y derechis de salud sexual y
   reproductiva   81

Tablas

4.1 Escenarios clave en los que se fundamenta la desigualdad
   sexual y reproductiva de las mujeres desplazadas   82
5.1 Funciones de las organizaciones regionales y resultados   102

Agradecimientos

Este libro es una iniciativa colectiva como ninguna otra. Es realmente el resultado del pensamiento y la reflexión compartidos de todos los involucrados en un proyecto más grande, del cual forma parte el libro, titulado *"Redressing Gendered Health Inequalities of Displaced Women and Girls in Central and South America" (ReGHID)*. ReGHID ha reunido a Zeni Lamy, de la Universidade Federal do Maranhão (Brasil); Maria Do Carmo Leal, de la Fundación Fiocruz, Río de Janeiro (Brasil); Rita Bacuri de la Fundación Fiocruz, Manaos (Brasil); Mónica Linares y Henry García de FLACSO El Salvador, Jovana Ocampo Cañas y Jhon Sebastian Patiño Rueda de la Universidad de los Andes (Colombia); Liz Ramos e Iván Fuentes de la Organización Internacional para las Migraciones (OIM), de Honduras y El Salvador respectivamente; Jean Grugel y Rodrigo Moreno Serra de la Universidad de York, y Sarah Neal, Amos Channon y Sarahí Rueda de la Universidad de Southampton en el Reino Unido, y muchas otras personas dentro y fuera de esas instituciones. A todos ellos les damos las gracias por su generosidad y apoyo intelectual y personal, por su trabajo minucioso, perspicaz y colaborativo, y fundamentalmente por compartir un compromiso apasionado con la defensa de los derechos humanos de las mujeres y niñas refugiadas y migrantes, y la reparación de las injusticias y desigualdades en materia de salud y en muchos aspectos de sus vidas, por el hecho de ser mujeres y estar desplazadas, lo cual define el objetivo de este libro.

Estamos especialmente en deuda con Adriana Rodríguez, una migrante de América Central que vive en Manaos, comprometida y dedicada a la comunidad ayudando a muchos otros migrantes en Brasil. Adriana, junto con coinvestigadores de ReGHID en Brasil, facilitó el acceso, en línea y en persona, a los albergues y a las muchas mujeres y niñas migrantes que entrevistamos para este proyecto en Manaos y Boa Vista. Estamos especialmente agradecidos con Zeni Lamy de la Universidade Federal do Maranhão, quien codiseñó la metodología para el trabajo de campo y el acceso a los albergues, y con Valeria Ottonelli de la Università di Genova, quien nos brindó comentarios esenciales que enriquecieron este libro y el proyecto en general. Tuvimos la suerte y estamos agradecidos de contar con el apoyo financiero del *Economic and Social Research Council* (ESRC) apoyando esta y todas las actividades relacionadas con ReGHID.

Otros cuyas ideas reflexivas y comentarios perspicaces ayudaron enormemente a mejorar la claridad de este libro son Alex Aleinikoff, Rebecca Hamlin, Gloria Zuccarelli y Jean Grugel, quienes leyeron el borrador y los capítulos, así como Marcia Vera Espinosa y Leiza Brumat, quienes discutieron este y otros trabajos relacionados en paneles en conferencias. Agradecemos también el incesante apoyo administrativo, editorial y humano brindado por Claudia Drake. Pero nuestra mayor deuda de gratitud es con las muchas mujeres y niñas migrantes venezolanas que hemos conocido en el transcurso de este proyecto. Compartieron con nosotros las razones más íntimas para huir y sus desafiantes experiencias durante el desplazamiento y en los lugares de asentamiento, y cómo directa o indirectamente los riesgos y vulnerabilidades afectaron su salud, socavando en particular el derecho a la salud y sus derechos y necesidades específicas de salud sexual y reproductiva (SSR). Nos han conmovido las situaciones difíciles que enfrentan en su vida cotidiana, tanto como su fuerza y determinación a pesar de eso. También aprendimos con ellas la forma en que el respeto y la aceptación de los migrantes están vinculados con demasiada frecuencia a interpretaciones arbitrarias de merecimiento y responsabilidad. Esperamos que este libro contribuya a mejorar sus circunstancias ahora y en los años venideros.

Fuera del trabajo académico, el cariño y apoyo incondicional de nuestras familias ha sido, una vez más, un ancla emocional imprescindible por la que Natalia, David y Pía están eternamente agradecidos.

Introducción

Es septiembre de 2020 y Grecia, una mujer venezolana de 35 años con ocho meses de embarazo, y sus cuatros hijos de 2, 6, 10 y 13 años padecen hambre extremo y otras privaciones. Grecia está desempleada, es una madre soltera y no cuenta con apoyo alguno, además de enfrentar un sistema de salud en colapso:

> "Pasé cinco meses pensando y pensando, mis hijos lloraban de hambre, no tenían ropa, los mayores querían estudiar pero todo era imposible frente a la pandemia [de Covid-19] ... el 1^{ero} de septiembre, a la 3 de la mañana, cogí a mis hijos y empecé a caminar [hacia Brasil] ... recorrí todo el camino a pie". (Boa Vista, 28 de septiembre de 2021)

La frontera entre Venezuela y Brasil está cerrada desde marzo de 2020, y lo ha estado por más de un año. La entrada de extranjeros está prohibida debido al COVID-19; no les queda más remedio que caminar y cruzar por *trocha*: caminos de cruce irregulares y no oficiales e inseguros. Grecia, al igual que muchas otras mujeres, caminó por días. Llega a la ciudad fronteriza de Pacaraima en el estado brasileño de Roraima y es escoltada por el ejército brasileño a un centro receptor, donde se registran los aproximadamente 700 venezolanos que ingresan cada día y se les da un lugar para dormir:

> "... cuando llegaron los funcionarios de la aduana nos entregaron unas pulseras y nos llevaron a un albergue ... yo no sabía que teníamos que salir a las calles en la mañana, llevando nuestro equipaje con nosotros. El albergue era únicamente para dormir durante la noche ... y durante el tiempo que tomó obtener todos nuestros documentos ... una vez que tuvimos los documentos, los míos y los de mis hijos, nos enviaron a otro albergue, durante dos semanas... y luego a Boa Vista".

Grecia pasa más de cuatro semanas sin información sobre atención médica ni controles de salud prenatal. Su embarazo está llegando a término y ha estado expuesta a circunstancias muy difíciles antes, durante y después de migrar huyendo de necesidades extremas. Está cansada y la incertidumbre, particularmente en relación con quién dejaría a los niños en el momento del nacimiento, en un país extranjero, le genera demasiada ansiedad. No puede encontrar apoyo emocional o información apropiada en respuesta a sus necesidades. Es solo después de su llegada a la cuidad de Boa Vista que alguien en el nuevo albergue le sugiere que vaya a una unidad de salud para sus controles de embarazo. Tiene derecho a ello por ley, pero tiene que esperar porque "llegamos el viernes al albergue, y no trabajan sábados ni domingos".

Desde 2016 se ha abierto un nuevo corredor de migración forzada por el desplazamiento masivo de personas venezolanas hacia los países vecinos huyendo del hambre, la pobreza, la violencia y el colapso del estado de bienestar. En 2016, 200 000 venezolanos abandonaron el país, el doble de la tasa promedio anual desde 1999. En 2023, el número de venezolanos desplazados ascendió a 7 millones, huyendo del vertiginoso colapso económico que ha hecho cada vez más inalcanzables los alimentos básicos y las medicinas para la mayoría de la población venezolana. El éxodo actual de venezolanos ha generado la mayor crisis migratoria de este tipo en la historia reciente de América Latina.

Si bien cada persona que huye representa una historia individual, a menudo con opciones limitadas y enfrentando injusticias antes y durante desplazamientos, así como también en lugares de residencia, muchas de estas historias de desplazamiento venezolano han revelado características distintivas de género: un éxodo de miles de mujeres embarazadas, que huyen por razones de necesidad práctica, incluido el temor de perder a sus bebés o sus propias vidas si se quedan para dar a luz en su propio país. Según Amnistía Internacional (2018), entre 2015 y 2016 la mortalidad materna aumentó en un 65 por ciento en Venezuela, un retroceso de 15 años ocasionado por la falta de medicamentos como anticoagulantes, cremas cicatrizantes, analgésicos, antibióticos y antisépticos; la falta de herramientas y equipo médico básico, como bisturí, agujas y guantes; y el número cada vez menor de personal médico dispuesto a trabajar sin equipo ni remuneración.

Este contexto llevó a muchas mujeres a huir, como analizamos en este libro, para asegurar una mejor atención médica para ellas y sus familias, mejores oportunidades de educación para sus hijos e hijas, y la oportunidad de vivir una vida digna. Esta es una de las formas en que la migración forzada está condicionada por el género. Las expectativas sociales pueden ubicar a las mujeres en el hogar y en la sociedad como las primeras en atender las necesidades de salud, buscar ayuda médica y ser sensibles a las necesidades de salud de sus familias. Pero la migración forzada también cuenta con una dimensión de género porque las mujeres tienen una preocupación especial por su propia salud sexual y reproductiva. La dimensión de género no solo se refiere a que las mujeres venezolanas huyan solas o acompañadas y emprendan viajes peligrosos *a pesar* de embarazos, mala salud o responsabilidades de cuidados de niños y niñas pequeños o familiares ancianos, sino que huyen justamente *debido a* esas circunstancias personales y responsabilidades de cuidado, ejerciendo su agencia y manifestando su conciencia de lucha no por la mera supervivencia, sino por la reivindicación de sus derechos humanos, incluido el derecho a la salud sexual y reproductiva.

Muchas personas migrantes forzadas huyen de la pobreza y las condiciones peligrosas que afectan su salud y el acceso a la atención médica. La exposición a la mala salud y las enfermedades son, en consecuencia, significativas y a menudo una razón para migrar. El desplazamiento representa también un continuo de pobreza y precariedad, ya que las personas están expuestas a tráfico, trata y otros peligros, como riesgos de agresión sexual, robo, abuso, exposición al calor, al frío o a lesiones, hambre y deshidratación, y dependiendo de si el viaje es por tierra o por mar, miedos y peligros de ser atacados por animales salvajes, asfixia en contenedores o riesgo de ahogamiento. Los estudios sobre los riesgos y las inseguridades de género durante la migración destacan los riesgos físicos y las formas de violencia que sufren las mujeres durante los viajes migratorios y después de cruzar la frontera (Gerard y Pickering 2014; Freedman 2016; 2017). Sarahoui y Tyszler (2021) también exploran cómo muchas mujeres y niñas pueden ser objeto de una gestión arbitraria de la documentación y el control fronterizo, la vigilancia y la militarización a su llegada. En relación con los determinantes de la salud física y mental de migrantes forzados, refugiados y aquellos que buscan protección, Kneebone (2019) explora las continuas desventajas, pobreza y dependencias enfrentadas por los migrantes durante viajes peligrosos y en lugares de llegada, y cómo la implementación ambivalente de marcos internacionales en materia de derechos a la salud discriminan a los migrantes irregulares.

Las poblaciones desplazadas se encuentran expuestas y en peligro debido a un conjunto de disparidades políticas, económicas, étnicas y de género que socavan sus necesidades y derechos a la salud, y que requieren atención tanto en la frontera como a lo largo del proceso de asentamiento.

Olga viajó de Venezuela a Brasil con sus dos hijas de 14 y 15 años, caminando durante tres días entre el 22 y el 25 de diciembre de 2020, para finalmente llegar a Manaos. Como ella recuerda:

> "Salimos el 22 por la tarde y pasamos la noche en el camino. Llegamos al día siguiente a la frontera, a las 2 de la tarde, y a Boa Vista el 24. Esa noche nos quedamos en la calle para tomar un bus que finalmente nos llevó a Manaos … teníamos dinero para el bus, pero otros caminaron por cinco días, pidiendo que los llevaran y haciendo autostop …
>
> "En los senderos había tigres, había pumas. Ese era mi mayor miedo. Había matones que robaban a las personas, otro temor. Pero yo estaba lista, por mis hijas yo estaba lista para enfrentar aquello … lista para lo que pasara, encomendada a Dios …
>
> "En algún momento tuvimos que subir una montaña y en ella había muchos acantilados, muchos pozos. Y una de mis hijas se resbaló y se quedó ahí colgada. Se agarró de una rama porque se estaba cayendo al vacío, el *trochero* [traficante] la ayudó a volver a subir al camino y continuar …" (Manaos, 8 de junio de 2021).

A medida que las mujeres desplazadas a la fuerza, como Grecia y Olga, cruzan las fronteras, siguen sufriendo mayores desventajas debido a su género, incluida la discriminación, la violencia sexual y la explotación socioeconómica. Su vulnerabilidad se ve acentuada por la falta (o pérdida) de documentación, de redes sociales y de fuentes de ingresos. Todo ello, por lo general, limita el acceso a los servicios públicos, incluidos los servicios de salud y sociales, así como las oportunidades laborales, la información, la nutrición y la educación, y restringe su integración en la sociedad. Especialmente en las zonas fronterizas, las situaciones de pobreza preexistente y desigual pueden aumentar significativamente la exposición de los migrantes (forzados) a más pobreza, daños y riesgos. La pandemia de COVID-19 ha agravado estas desventajas.

Debido a las modalidades de viaje y de cruce, y a su estatus migratorios, las personas desplazadas a menudo ven sus derechos, incluido el derecho a la salud, restringidos o ignorados. Además, los riesgos asumidos y las necesidades de las personas desplazadas no son neutrales desde el punto de vista de género y los sistemas de protección deben responder a las necesidades y derechos de los migrantes y refugiados en función de ello. Sin embargo, en lugar de responder a estas necesidades de salud con una perspectiva de género, muchos países receptores muestran ambigüedades en la gobernanza y evitan sus responsabilidades, incluso criminalizando o estigmatizando a las mujeres desplazadas y reproduciendo como consecuencia desigualdades de género.

Este libro aborda la intersección entre género, migración forzada y salud. Utilizando el caso de las mujeres desplazadas desde Venezuela, se centra en las fallas de los regímenes de protección existentes para responder a las necesidades y derechos de protección de las mujeres venezolanas y a la falta de abordaje de género para dar esas respuestas. Adoptamos una perspectiva de género y de derechos humanos para abordar las amenazas a la salud sexual y reproductiva que las mujeres migrantes forzadas enfrentan y como un tema central para desarrollar cualquier sistema de protección que sea adecuadamente sensible a cuestiones de género. En primer lugar, la exposición a dichas amenazas determina la decisión de huir, y por lo tanto, un sistema de protección con enfoque de género debe reconocer dicha exposición como fundamento del derecho a la protección. En segundo lugar, las circunstancias y condiciones del desplazamiento pueden generar por sí mismas amenazas a la salud sexual y reproductiva de las mujeres y, por lo tanto, todo sistema de protección con enfoque de género debe reconocer la necesidad de un "paso seguro" y las formas en que las políticas de los Estados de destino apoyan o socavan la protección en el desplazamiento. En tercer lugar, las condiciones de recepción y acogida de mujeres migrantes en Estados de primer asilo y de asentamiento pueden exponer a esas mujeres a riesgos significativos para su salud sexual y reproductiva, ya sea en términos de violencia sexual y explotación derivada de su posición social como mujeres desplazadas, o en términos de la falta de acceso a los derechos de salud sexual y reproductiva por sus circunstancias como migrantes con estatus legales o sociales particulares.

En este libro abordamos las brechas (conceptuales, jurídicas y prácticas) en los regímenes de protección existentes para mujeres desplazadas y los desafíos que enfrentan, con el fin de demostrar cómo la incapacidad de concebir y promulgar un régimen de protección con enfoque de género constituye en sí misma una amenaza para la salud sexual y reproductiva de las mujeres migrantes. Para ello, apelamos a una serie de literaturas que abordan cuestiones de migración, género y salud desde las perspectivas de la teoría política, estudios sociojurídicos y estudios sobre migración y sobre gobernanza.

La forma más directa de concebir el análisis y el argumento que ofrecemos en este libro es a través de su objetivo de dilucidar la brecha existente entre lo que las mujeres desplazadas como Grecia y Olga tienen derecho a recibir, como mujeres y como migrantes forzadas, y las condiciones que afectan sus derechos en la práctica, lo que realmente viven, explorando los factores que producen esa brecha y las condiciones necesarias para superar brechas de protección. Esto exige un enfoque por niveles para el análisis. Por lo tanto, comenzamos esbozando sus derechos ofreciendo un análisis de género, migración forzada y derecho humano a la salud, tal y como se consagra en los instrumentos jurídicos internacionales y regionales y, en menor medida, en las estructuras de gobernanza nacionales. Luego, proponemos un marco conceptual y normativo que ayuda a revelar las formas en que la brecha entre promesa y realidad se produce a través de vacíos conceptuales, legales y prácticos en los regímenes de protección; para finalmente articular lo que implicaría un abordaje ético sobre el desplazamiento forzado en respuesta al carácter de género de dicho desplazamiento y sus implicaciones para la salud y los derechos a la salud de las mujeres migrantes.

El problema inicial que identificamos se refiere a la forma en que el desplazamiento forzado de estas mujeres se conceptualiza éticamente y se categoriza legalmente a través del binario refugiado/migrante. En primer lugar, la huida de las mujeres venezolanas no encaja fácilmente con las conceptualizaciones actuales vinculadas con la condición de refugiado y señala limitaciones de forma y fondo de definiciones operativas actuales sobre quién es un refugiado. En segundo lugar, esto pone en juego una distinción entre refugiados y migrantes que ofrece a los Estados la capacidad de considerar distintos grupos de migrantes en términos binarios, migrante-refugiado, y para instituir jerarquías de protección y acceso a los derechos. Para abordar esta brecha conceptual, abogamos por una ética del desplazamiento forzado construida en torno al concepto del "desplazado por necesidad" (*the necessary fleer*) (Aleinikoff y Zamore 2019). Utilizamos este marco para diagnosticar brechas sustantivas de protección y en las respuestas a las mujeres y las niñas venezolanas desplazadas en América Latina, centrándonos en Brasil y Colombia. Nuestro propósito es mostrar cómo los Estados, (y la región), caracterizados por principios de protección liberales y progresivos, adoptan políticas que, en la práctica, se utilizan para diferenciar entre mujeres desplazadas construyendo una variedad de obstáculos a abordajes de protección sensibles al género que amenazan la salud sexual y reproductiva de las mujeres desplazadas.[1]

Este análisis de las brechas que existen en la forma de concebir y aplicar la protección, y sus efectos sobre las mujeres desplazadas, nos lleva finalmente a articular una ética para la protección del desplazamiento forzado sensible al carácter de género de dicho desplazamiento y al papel central que la salud sexual y reproductiva debe tener en cualquier régimen adecuado de protección. Desarrollamos una visión de la protección basada en el derecho humano a la salud en contextos de desplazamiento y proponemos un enfoque de género del "desplazamiento forzado" más allá del continuo "migrante-refugiado" para destacar las especificidades de la salud como motor de la migración (forzada) y de los estatus migratorios como determinantes de las desigualdades de género que afectan a la salud y los derechos de mujeres y niñas desplazadas. Al hacerlo, el libro también analiza cuestiones éticas y legales claves, reconociendo que cualquier esfuerzo por romper ciclos de privación y exclusión que afectan a mujeres y niñas desplazadas debe privilegiar el cumplimiento del derecho a la salud como determinante del desarrollo y la agencia social.

La urgencia de esta tarea se debe al reconocimiento de que el contexto y las razones para el desplazamiento, y la modalidad de las jornadas migratorias y el asentamiento condicionan la experiencia y estado de la salud sexual y reproductiva de las mujeres y las niñas migrantes, así como su bienestar y autonomía personal. Sin embargo, las brechas actuales en las conceptualizaciones y prácticas de protección dejan a muchas mujeres y niñas desplazadas desprotegidas, incluso con respecto a dichos derechos básicos en materia de salud como los derechos de SSR. Esperamos que la identificación y el tratamiento de estas brechas amplíen los horizontes políticos al proponer un marco en el que pueda producirse una práctica justa de la protección.

Nuestro enfoque: la dignidad de las mujeres y las niñas desplazadas.

El libro tiene como objetivo proporcionar marcos analíticos y normativos para abordar las desigualdades de género en relación con el desplazamiento y los sistemas de protección que respeten y den sentido al testimonio de mujeres y niñas venezolanas que han huido a Brasil y Colombia, para quienes los factores de género han sido significativos para ese desplazamiento y quienes aún carecen de la protección a sus derechos generales y todavía necesitan asegurar las condiciones para una salud sexual y reproductiva digna. El núcleo normativo de nuestro trabajo es un compromiso con la dignidad de estas mujeres y niñas.

La dignidad es un fenómeno complejo que, en su interpretación más amplia, abarca un estatus normativo, una relación práctica con uno mismo y un modo de conducta y comportamiento. Aunque históricamente la dignidad ha sido vista como legítimamente diferenciada en términos jerárquicos (la dignidad del monarca siendo distinta de la dignidad de sus súbditos, por ejemplo, que también se distinguían por rango), la dignidad moral se identifica como un estatus único de igualdad moral atribuido a todos los seres humanos y que recibe una clara expresión legal como derechos humanos universales. En términos más coloquiales, Jeremy Waldron (2012: 5) lo expresa muy bien de esta manera:

> La dignidad de una persona no es solamente un aura kantiana. Es su posición social, los fundamentos de la reputación básica que les da derecho a ser tratados como iguales en el funcionamiento ordinario de

la sociedad. Su dignidad es algo en lo que pueden confiar, en el mejor de los casos implícitamente y sin alboroto, mientras viven sus vidas, se ocupan de sus actividades y crían a sus familias.

Esto al menos es el ideal y este sentido de dignidad como un estatus normativo protegido por la ley y respetado por los demás es central para nuestro uso contemporáneo del concepto. En el caso de aquellos que han sido desplazados forzados, como las mujeres y las niñas a las que nos referimos en este libro, este sentido coloquial cotidiano de la dignidad no es algo en lo que puedan confiar. Por el contrario, la experiencia vivida de la pérdida de esta dignidad cotidiana forma parte integral de su condición de desplazadas y de la experiencia del desplazamiento.

Sin embargo, para entender esta experiencia es necesario distinguir dos formas diferentes en que la dignidad puede no ser reconocida. Por un lado, la dignidad puede ser negada por la falta de respeto a los derechos, por ejemplo, la ausencia de protección de los derechos humanos. Sin embargo, aunque tales acciones u omisiones no respetan la dignidad de una persona (o un grupo), no atentan contra la dignidad, es decir, no se centran expresamente en rechazar su derecho a la dignidad, en la forma en que lo hacen acciones como la degradación, el desprecio o el insulto. Estas acciones son llamadas "atentados contra la dignidad" precisamente porque se centran en rechazar el derecho de una persona (o grupo) a la dignidad como un estado de igualdad. Podríamos decir que el primero niega la dignidad de la propia persona como portadora de un estatus igual expresado en términos de derechos humanos; el segundo rechaza la dignidad de la persona que fundamenta el derecho de uno a disfrutar de un estado igualitario.

Por supuesto, es cierto que una violación de los derechos que corresponden a uno como parte de su dignidad como titular de derechos en igualdad pueda ser expresada de una forma que también constituya un daño a la dignidad. Un mismo acto puede comprender tanto un perjuicio como un insulto. Piénsese, por ejemplo, en las agresiones sexuales con respecto a las mujeres y las niñas que niega su derecho a la seguridad física y lo hace de una manera que denigra la posición igualitaria de mujeres y niñas al tratarlas como objetos disponibles para la expresión del deseo sexual masculino. También es cierto que algunos atentados contra la dignidad pueden constituir además violaciones de los derechos, por ejemplo, la difamación misógina y los discursos de odio que expresan la negación del derecho de las mujeres a un estatus de igualdad con los hombres y lo hacen de una manera que perjudica a las mujeres haciéndolas susceptibles de sufrir daños simplemente en virtud de ser mujeres. En estos casos, el insulto es perjuicio. Pero sigue siendo muy importante distinguir analíticamente entre los dos tipos de falta de reconocimiento de la dignidad de una persona (o grupo).

La importancia de este punto puede ser resaltada en lo que Michael Rosen llama el "respeto como observancia" y el "respeto como respetuosidad". El primero denota reconocimiento de la dignidad de las personas al respetar sus derechos. El segundo se refiere a la actitud con la que las personas interactuaron entre sí. Así, podemos decir que reconozco la dignidad de una persona al relacionarme respetuosamente con ella como un igual.

La importancia de ejemplos de agresión sexual y el discurso de odio misógino es resaltar que el reconocimiento de la dignidad de las mujeres y las niñas requiere el "respeto como observancia" y el "respeto como respetuosidad", y mientras el primero puede parecer más grave de inmediato en contextos de protección, el segundo puede ser fundamental para crear y mantener el compromiso con la igualdad de género que sustenta la reivindicación de la igualdad de derechos. Esta relación entre las dos dimensiones del reconocimiento de la dignidad queda trágicamente ilustrada por el hecho de que, como señala Rosen (2012: 97):

Uno de los aspectos que han caracterizado muchos de los actos más violentos y destructivos del siglo XX ha sido la humillación y la degradación simbólica de sus víctimas. ... Parece ser un hecho de la naturaleza humana que los seres humanos son capaces de adoptar más fácilmente los comportamientos más violentos entre sí si al mismo tiempo niegan expresivamente la humanidad de sus víctimas.

Como ilustran con mucha claridad los desastres morales del siglo pasado, el "respeto como respetuosidad" es parte integral de las condiciones para mantener el "respeto como observancia" (véase, además, Owen 2021). Por lo tanto, tomar en serio la dignidad de las mujeres y las niñas desplazadas significa, desde un punto de vista normativo, estar alerta a las formas en las cuales los regímenes de protección promulgan (o no promulgan) tanto el "respeto como observancia" como el "respeto como respetuosidad", y las implicaciones y consecuencias de estos modos de protección. Esto puede manifestarse como el nivel de un sistema de protección en su conjunto, por ejemplo, tratando a las mujeres y las niñas desplazadas como sujetos de derechos *a* protección (respeto como observancia) pero sin comprometerse con ellas como sujetos *de* protección que tienen derecho a opinar sobre la forma en que se rigen por el régimen de protección (respeto como respetuosidad). También puede manifestarse con respecto a elementos específicos de protección. Así, por ejemplo, el acceso a los servicios de SSR puede ser un derecho respetado para únicamente algunas mujeres y niñas porque solo algunas son reconocidas como incluidas en un régimen de protección particular (respeto como observancia), mientras que incluso aquellas cuyo derecho está legalmente garantizado pueden o no tener un acceso efectivo debido a la forma en que son tratadas por los servicios de salud (respeto como respetuosidad). Nuestro enfoque en las condiciones que enfrentan las mujeres y niñas desplazadas tiene que ver, por lo tanto, con estas dos dimensiones que reconocen su dignidad, mientras que la orientación normativa también guía el compromiso metodológico de nuestra investigación de adoptar un enfoque basado en los derechos para entender el nexo entre migración forzada, género y salud, respetando las voces de las mujeres y las niñas desplazadas.

Fundamentos de la investigación en tiempos de COVID-19

El análisis ofrecido en este libro está basado en datos primarios y secundarios recolectados y analizados en el contexto del proyecto financiado por el Consejo de Investigaciones Económicas y Sociales (ESRC) y el Fondo de Investigación sobre Desafíos Globales (GCRF), titulado *"Redressing Gendered Health Inequalities of Displaced Women and Girls in contexts of Protracted Crisis in Central and South America"* – ReGHID. Nos embarcamos en este proyecto con el objetivo de escuchar a las mujeres y las niñas con el fin de reconstruir (mediante entrevistas y observaciones de campo) sus experiencias como migrantes desplazadas forzadas. Las entrevistas y los viajes de campo a albergues y lugares en donde se asientan en Brasil, y varias discusiones con otros académicos, particularmente colegas en el proyecto ReGHID, tanto en Brasil como en Colombia, nos ayudaron a entender los desafíos cotidianos de género a los que se enfrentan las mujeres y las niñas adolescentes desplazadas en relación con su salud sexual y reproductiva, así como en relación con experiencias en albergues y el sistema de salud.

Realizamos el trabajo de campo entre 2020 y 2022. Planeamos comenzar las entrevistas en persona con las mujeres venezolanas desplazadas a principios de 2020. Sin embargo, cuando llegó la pandemia de COVID-19 y Brasil se convirtió en el epicentro de la crisis de salud en América del Sur, nuestros planes de viaje se detuvieron. Brasil cerró sus fronteras a los viajes internacionales y a todos los migrantes. Si bien para muchas personas que huían por necesidad esto ha significado entrar al país utilizando rutas alternativas e irregulares, por *trocha*, para nosotros significó encontrar formas alternativas, pero seguras, con respecto al COVID-19 para llegar a esas mujeres y niñas desplazadas. Logramos hacerlo con la ayuda y el apoyo de coinvestigadores en la Universidad Federal de Maranhão y Fiocruz en Manaos, y fundamentalmente con la ayuda y el apoyo en el terreno de una voluntaria, Adriana, ella misma una migrante que trabaja con mujeres migrantes en albergues y que actuó como punto de contacto para todas las mujeres y adolescentes entrevistadas a distancia, utilizando Microsoft Teams. Se le proporcionó un teléfono celular dedicado que utilizamos exclusivamente para las entrevistas. Realizamos las entrevistas en español con 79 mujeres desplazadas entre 20-49 años de edad y niñas adolescentes de 15-19 años en Boa Vista, en donde llegan la mayoría de los migrantes venezolanos cuando entran a Brasil, y en Manaos, la segunda ciudad más común de asentamiento. También realizamos entrevistas en línea con 35 informantes clave de la Organización Internacional para las Migraciones (OIM), ACNUR, el Fondo de Población de las Naciones Unidas (UNFPA) y el Programa de las Naciones Unidas sobre el VIH/SIDA (ONUSIDA) y agencias gubernamentales que trabajan con mujeres migrantes en terreno.

Esta fue una experiencia increíble, sobre todo porque demostró la gran necesidad que las mujeres y niñas venezolanas migrantes tenían de un espacio para hablar, expresar sus preocupaciones y esperanzas, y de ser escuchadas y ser visibles. Las mujeres y adolescentes participantes fueron increíblemente francas y abiertas a hablar acerca de sus experiencias, sus percepciones sobre sus vulnerabilidades y los riesgos que enfrentados y las barreras para tener atención médica y protección en zonas fronterizas y una vez asentadas. Para 2022, fue posible volver a viajar a Brasil, y dos autoras viajaron a Manaos y Boa Vista para participar en una nueva ronda de investigación de campo. También tuvimos la oportunidad de realizar entrevistas con coordinadores de albergues, incluyendo personal militar y representantes de la OIM y el UNFPA, que fueron más informales y no se transcribieron. Además, realizamos observaciones de campo, redacción de notas de campo y recopilación de material documental visual. Finalmente, también viajamos a Bogotá en esa época para reunirnos con coinvestigadores y discutir los resultados. Nuestra investigación respetó plenamente las directrices éticas apropiadas establecidas para la investigación por la institución investigadora principal en Reino Unido, incluido el deber de los investigadores de no ocasionar daños. Todos los nombres de las personas entrevistadas han sido cambiados para preservar su anonimato.

Estructura del libro

Con el fin de desarrollar nuestro análisis, este libro está dividido en cinco partes. El Capítulo 1 explora el significado de 'feminización de la migración' en relación a flujos migratorios y sus características, incluyendo razones que impulsan la migración forzada, así como las experiencias durante el desplazamiento. Las implicancias de este capítulo son significativas para la forma en que se consideran las causas y consecuencias del desplazamiento forzado con una perspectiva de género. Pero también se destaca la importancia de tener un abordaje sensible a la perspectiva de género en los regimenes de proteccion internacional para ser efectivos en la reparación de las desigualdades de género y las injusticias relacionadas con la migración forzada. El capítulo desarrolla un marco basado en los derechos humanos que ayuda a analizar no solo el nexo entre desplazamiento, género y salud, sino también cómo deben asumirse las responsabilidades de los Estados y demás organizaciones para dar respuesta a necesidades y derechos. Analizamos estas afirmaciones particularmente en el caso de América Latina, con un foco específico en el corredor de migración emergente que va desde Venezuela hacia Colombia y Brasil.

El Capítulo 2 explora la distinción entre "migrantes" y "refugiados" en el discurso legal y político, y la forma por la cual se asigna de una manera diferencial la responsabilidad y la protección para esos dos grupos de "personas en movimiento". Plantea dos cuestiones relativas a esta distinción. La primera cuestión sugiere que en sí misma esa distincion es sensible a cuestiones de género, es decir, las formas en las cuales se diferencia entre impulsores de migración pueden favorecer algunos tipos de desplazamiento forzado en detrimento de otros, y en consecuencia hay impactos diferenciales entre hombres y mujeres desplazados. La segunda cuestión resalta la insuficiencia general de esa distinción para abordar éticamente distintas, pero esenciales, características del movimiento forzado. En ese sentido, argumentamos que este esquema conceptual es inadecuado para abarcar el carácter diverso y multifacético del movimiento transnacional de personas y utilizamos ejemplos de la crisis actual de desplazamiento venezolano como lente para resaltar las limitaciones de este esquema considerando una ética política de protección en desplazamiento.

El Capítulo 3 contextualiza el nexo migración-salud, revelando brechas de responsabilidad y protección que son insensibles a la perspectiva de género. Identificamos los instrumentos internacionales y regionales de derechos humanos pertinentes para analizar las normas que regulan y guían a las instituciones nacionales e internacionales en materia de protección internacional de las personas migrantes y refugiadas.

El Capítulo 4 vuelve a centrar la atención en las mujeres y niñas desplazadas como "desplazadas por necesidad" para detallar las formas en las cuales dicho desplazamiento condiciona su salud sexual y reproductiva. El capítulo contextualiza esta discusión dentro del marco del derecho humano a la salud y tiene como objetivo articular los derechos de las mujeres y niñas desplazadas, y los términos en que pueden ejercer estos derechos como requisitos de dignidad. Luego analiza si los sistemas de protección existentes a nivel regional y nacional son implementados en los casos de Colombia y Brasil para atender a las mujeres migrantes venezolanas. El capítulo aborda las necesidades de género en relación con la SSR de las mujeres y las responsabilidades de los Estados de proporcionar protección, y evalúa la implementación de políticas para la población migrante, considerando los diferentes estatus migratorios, es decir refugiado y migrante, y si las necesidades específicas de protección de las mujeres desplazadas y sus derechos de SSR son incluidos en esas políticas. El debate cuestiona si las brechas conceptuales y de implementación se traducen en brechas de "protección" en relación con el nexo entre migración y salud en la región, y de qué manera. Este análisis resalta la falta de infraestructura y políticas adecuadas necesarias para romper ciclos de privación y exclusión afectando de manera específica a las mujeres y niñas migrantes. El capítulo resalta la insuficiencia de los marcos de protección para las mujeres desplazadas y la relación de la brecha de esta protección con las responsabilidades asignadas para proteger a las mujeres desplazadas.

El Capítulo 5 vuelve a tratar el argumento filosófico desarrollado en el Capítulo 2 y pregunta quién es responsable de garantizar la protección de los derechos SSR de las mujeres desplazadas. El capítulo destaca las implicaciones conceptúales y políticas de la reconceptualización ofrecida de las personas desplazadas como 'desplazados por necesidad' y las formas de protección necesarias, así como la distribución de la responsabilidad para la protección debida. Para concluir, llamamos la atención sobre el contexto de América Latina, la naturaleza "mixta" de los flujos migratorios desde Venezuela y la reproducción de brechas de protección a pesar de leyes y retóricas progresistas sobre migrantes y refugiados. La conclusión abre una agenda de investigación basada en la relevancia de este análisis para otras regiones donde el desplazamiento forzado de mujeres y niñas es significativo, así como los retos para distintos agentes sobre los que recae el deber de protección y de abordar las lagunas de responsabilidad y protección identificadas.

CAPÍTULO UNO
El carácter de género de la migración forzada

La estimación mundial actual de personas desplazadas forzosamente es de 89,3 millones (53,2 millones son desplazados internos, 27,1 millones son refugiados, 4,6 millones son solicitantes de asilo), una población que ha ido aumentando constantemente durante la última década. En 2020, antes del estallido de la invasión Rusia de Ucrania, aproximadamente 5 millones de aquellos categorizados como refugiados eran mujeres entre los 12 y los 59 años, una cifra que habría aumentado significativamente dada la demografía de la población que ha huido de Ucrania.[1] Estos datos globales llaman nuestra atención sobre dos puntos importantes. En primer lugar, la cuestión de las personas desplazadas forzosamente es un asunto significativo y en aumento. Además, es probable que siga creciendo debido a los desafíos globales que surgen de las guerras, el cambio climático, la inseguridad alimentaria y la violencia de género, factores que interactúan entre sí y que probablemente no disminuyan a corto plazo. En segundo lugar, se ha producido una "feminización" de la migración forzada, ya que las mujeres y las niñas constituyen un porcentaje más elevado y cada vez más visible de migrantes forzados, muchas de ellas migran forzosamente sin sus cónyuges o familiares varones, pero además, y más importante aún, se convierten en desplazadas por razones de género y expuestas a riesgos relacionados con violencia de género durante el tránsito y el asentamiento.

Es importante destacar que la mayoría de las condiciones que rodean los procesos de desplazamiento exacerbaron las vulnerabilidades en materia de salud y los comportamientos de riesgo entre las mujeres y las niñas. Existen pruebas convincentes de que los riesgos y las vulnerabilidades enfrentadas por mujeres y niñas adolescentes desplazadas afectan gravemente a su salud, socavando en particular el derecho a la salud y sus necesidades y derechos específicos en materia de SSR (Starrs et al 2018; Wickramage y Annunziata 2018). También existe una cantidad importante de literatura en ciencias sociales sobre la migración como factor determinante de mala salud en poblaciones desplazadas y sobre los desafíos que plantea el desplazamiento, incluidos los riesgos de violación, trata, agresión sexual, abuso y otros riesgos relacionados con pobreza, estigmatización, discriminación, exclusión social, diferencias culturales, de idioma y normas socioculturales, así como la condición jurídica (Valdez et al 2015; Barot 2017; Wolf 2020). Gran parte de esta literatura se ha basado en estudios de desplazamiento relacionado con conflictos en lugares como Afganistán, Yemen, Siria, Sudán del Sur y Colombia, y ha contribuido con evidencia que vincula el desplazamiento con vulnerabilidades de salud de mujeres migrantes forzadas particularmente expuestas a riesgos de explotación, violencia sexual y conductas sexuales de riesgo frecuentemente a causa de necesidad de supervivencia (económica), que conducen a un número creciente de embarazos no deseados, VIH e infecciones de transmisión sexual (ITS), muerte materna y precariedad en general (Whelan y Blogg 2007; UNFPA 2009; Freedman 2016, 2017; OPS 2019a).

Estas contribuciones, junto con algunas intervenciones para abordar estos asuntos (CARE/ODI 2014; ONU Mujeres 2016) han preparado el camino para una teorización más efectiva de las intersecciones entre migración, género y salud. Se han realizado algunos trabajos clave en el campo que abordan migrantes y refugiados del sudeste asiático y el África subsahariana que migran a Europa y Australia (por ejemplo, Temin et al 2013; Chant et al 2017; Freedman 2017), pero las experiencias y las necesidades de SSR de quienes se desplazan, en particular mujeres migrantes forzadas, dentro de los corredores Sur-Sur siguen siendo en gran medida ignoradas (OPS 2019b).

Nuestro enfoque aborda el nexo entre la migración forzada, el género y la salud en el contexto Sur-Sur, centrándonos en el caso de Venezuela y el desplazamiento de alrededor del 20 por ciento de su población, de la cual aproximadamente el 50 por ciento son mujeres y niñas, principalmente a Estados vecinos, siendo Colombia y Brasil dos de los principales destinos. Sin embargo, el caso venezolano también llama la atención especialmente sobre un tema clave para la protección de las personas desplazadas, a saber, el papel de las categorías legales y administrativas en la configuración del acceso a, por ejemplo, los derechos de SSR. En este sentido, cuando se trata de los datos del ACNUR sobre Venezuela, encontramos, excepcionalmente, tres categorías. En los datos más recientes sobre los venezolanos, se registró que hay 199 202 refugiados bajo el mandato del ACNUR, 971 131 solicitantes de asilo y 4 406 409 en una nueva categoría de "venezolanos desplazados en el exterior".[2] Las razones para la invención de esta nueva categoría y su importancia es un tema que exploraremos, pero por ahora podemos resaltar que el hecho de que más de 4 millones de venezolanos no sean identificados como refugiados o solicitantes de asilo plantea una pregunta sobre la adecuación y eficacia del régimen internacional de refugiados con respecto a la protección de las personas forzosamente desplazadas de sus países de origen.

En este capítulo proporcionamos el contexto para nuestra investigación, abordando primero el nexo entre migración forzada y género antes de introducir el tema de salud y el derecho a la salud. Presentamos así una teorización del desplazamiento como determinante social de la salud, antes de concluir contextualizando la situación venezolana, que es nuestro foco en este trabajo.

Migración forzada, género y el ACNUR

El nexo entre migración y el género plantea una serie de cuestiones específicas relativas a razones de huida, paso y asentamientos seguros que no pueden abordarse adecuadamente apelando a la figura abstracta del "refugiado", con demasiada frecuencia codificada como masculina (Zuccarelli 2022). Muchos migrantes forzados huyen de condiciones de pobreza, conflicto, sistemas de salud deficientes y elevadas cargas de enfermedades, en donde la migración se percibe como la única alternativa viable a privaciones y sufrimiento. Sin embargo, las condiciones en torno a la migración, y, en particular, a la migración forzada, aumenta desigualdades de género y expone a las mujeres y las niñas migrantes a riesgos diferentes y típicamente mayores que sus contrapartes varones. Para muchas mujeres y niñas, la migración es una forma por medio de la cual huyen de situaciones que ya son perjudiciales para su bienestar y dignidad, con frecuencia relacionadas con violencia sexual y de género (VSG), pero el proceso de migración también las expone a riesgos de género durante el tránsito y el asentamiento. Como lo señala el ACNUR (2016: 8): "El desplazamiento a menudo exacerba formas preexistentes de VSG [violencia sexual y de género], incluida la violencia doméstica, la agresión sexual, el matrimonio forzado y precoz, la tortura, el acoso sexual, la trata de personas, el trabajo sexual forzado, la mutilación genital femenina y la violencia homófoba".

Este punto fue reconocido oficialmente por el ACNUR en la década de los 1990 con la publicación de la Política de Mujeres Refugiadas (1990), la Guía para la Protección de Mujeres Refugiadas (1991) y la Violencia Sexual en Contra de Personas Refugiadas: guía para la prevención y respuesta (1995), aunque podría decirse que la historia de fondo de estos avances se remonta a 1975, con esfuerzos cada vez más concertados entre 1985 y 1990 (véase, además, Martin:2010:104-21). Una preocupación particular fue que "género" no se incluyó como un motivo por el cual se podía reclamar la condición de refugiado, y por lo tanto aquellas mujeres en una variedad de situaciones amenazantes, en las que huir es una opción práctica, y quizás la mejor o la única opción viable, no podrían asegurar la protección como refugiadas. Así, para las mujeres que son objeto de abuso doméstico o trasgreden los códigos de género de su sociedad, y no pueden obtener, o le es denegada, protección por parte de su Estado; las mujeres que sufren discriminación sexual severa, particularmente cuando es promulgada o facilitada por agencias o funcionarios públicos; las mujeres que son blanco de facto de ataques militares; las mujeres que son víctimas de un pariente varón, la solicitud de condición de refugiada se hace potencialmente problemática y es esta la situación que la *Guía de 1991 para la Protección de las Mujeres Refugiadas* buscó abordar (Martin 2010: 116-117).

A lo largo de la década de los 1990, el enfoque del ACNUR cambió de uno basado en la mujer a otro centrado en el análisis de género y la igualdad de género, que desarrollaba una estrategia para incorporar la igualdad de género en sus programas de protección. Por otro lado, desde principios de la década de 2000, el ACNUR introdujo la edad como un enfoque adicional para desarrollar "una estrategia para promover la igualdad de género y el respeto de los derechos de la mujer y los derechos del niño con el fin de mejorar la protección de los refugiados, más que como un objetivo en sí mismo" (ACNUR 2005:3). Este cambio fue, en parte, una respuesta a la revisión de una década de implementación de las *Directrices* (1991) en 2001 que, como señala Freedman (2010: 598–99),

> Concluyó que las Directrices habían logrado crear conciencia entre el personal y los socios del ACNUR sobre las necesidades e intereses específicos de las mujeres, pero que en general la implementación de las Directrices fue "desigual e incompleta, que ocurrió sobre una base *ad hoc* en ciertos lugares y no de forma globalmente coherente y sistemática".
>
> ... Un ejercicio de consulta que el ACNUR organizó con algunas mujeres refugiadas llegó a conclusiones similares en el sentido de que, a pesar de los avances en algunas áreas, las mujeres refugiadas a menudo seguían careciendo de acceso a alimentos y otros recursos básicos, y no estaban adecuadamente protegidas contra la violencia sexual y de género.

Las consultas con mujeres refugiadas también llevaron al ACNUR a anunciar, en 200, 1 cinco compromisos para hacer avanzar sus derechos y mejorar su protección, que abordaban: 1) participación significativa; 2) registro individual y la documentación; 3) alimentos y artículos básicos de asistencia; 4) empoderamiento económico; 5) violencia sexual y de género; y el compromiso de publicar un año después el informe del ACNUR titulado *Policy on Refugee Women and Guidelines on Their Protection: An Assessment of Ten Years of Implementation* (Comisión de Mujeres Refugiadas, 2002*)*. Estos fueron pasos muy positivos en el reconocimiento de los derechos de las mujeres refugiadas. Sin embargo, más de una década y media después, una revisión del progreso resaltó los importantes retos pendientes en relación con cada compromiso:

Participación significativa: "[a] pesar del notable progreso, numerosas operaciones destacan las dificultades para garantizar que las mujeres desempeñen un papel significativo en las estructuras de liderazgo y gestión. Entre los mayores obstáculos a la participación se encuentran las normas socioculturales que imponen roles de género restrictivos. También obstaculizan la participación de las mujeres ... las altas tasas de analfabetismo, las barreras del idioma y las responsabilidades domésticas. Los diálogos con ACNUR, que se llevaron a cabo en 2011 con personas de interés destacaron varios retos adicionales enfrentados por las mujeres. Estos incluyen marginación por parte de hombres en sus familias y comunidades; inclusión simbólica; los estereotipos negativos de las mujeres refugiadas; y falta de acceso a servicios de guardería, transporte y compensación por la pérdida de ingresos". (ACNUR 2016: 5)

Registro individual y documentación: "[l]as mujeres y las niñas se enfrentan a numerosos desafíos para obtener acceso a los procedimientos de registro individual, documentación y determinación de la condición de refugiado (DCR), lo que amenaza su capacidad para hacer uso de los derechos y servicios. Entre las dificultades destacadas... se encuentra el tiempo que puede tomar el registro ... la falta de documentos de identidad conduce al desempleo, la explotación y el acoso, además de dificultar la obtención de alimentos, alojamiento, atención médica y servicios sociales. ... La falta de documentación puede significar la denegación de una reparación jurídica, lo que crea un entorno de impunidad. Incluso en países donde se proporciona documentación de identidad, no siempre es aceptada por las autoridades locales. En las zonas urbanas, la falta de documentación puede conducir al arresto y la detención. Estos desafíos son particularmente importantes para los hogares encabezados por mujeres, ya que pueden dar lugar a un mayor riesgo de explotación y abuso". (ACNUR 2016: 6)

Alimentos y artículos básicos de asistencia: "[l]as largas distancias que las mujeres deben recorrer para llegar a los centros de distribución y/o los períodos prolongados de espera platean varios riesgos. Las mujeres entrevistadas en una operación dicen que se sienten inseguras caminando largas distancias en la oscuridad, especialmente en aquellas zonas sin alumbrado público, y que están constantemente preocupadas por sus hijos e hijas. También hablan de la falta de manejo de multitudes en las situaciones de distribución, similar a la que se observó de primera mano en el punto álgido de las recientes crisis de refugiados. ... Los recortes presupuestarios también han tenido un impacto sobre la distribución de alimentos y artículos básicos de socorro. Se han expresado preocupaciones acerca de la falta de diversidad de alimentos y su efecto sobre la salud de niños y niñas, mientras que casi todas las operaciones que informan sobre el suministro de material sanitario afirman que han tenido que reducir la distribución. En algunas operaciones, solo las personas con necesidades específicas reciben materiales sanitarios, dejando fuera a un gran número de mujeres y niñas". (ACNUR 2016: 7)

Empoderamiento económico: "[a] pesar del compromiso a gran escala que las operaciones del ACNUR tienen con la programación de los medios de subsistencia, las oportunidades de medios de vida sostenibles para las mujeres y las adolescentes de interés siguen siendo limitadas, específicamente en términos de aprovechar plenamente su potencial transformador. Los programas de apoyo están frecuentemente basados en suposiciones restrictivas vinculadas a normas sesgadas y culturales. Estas suposiciones relacionadas con actividades de subsistencia limita las posibilidades de autosuficiencia de las mujeres. ... En situaciones en las cuales los gobiernos no otorgan a los refugiados el derecho legal de trabajar, las mujeres se ven empujadas a mercados laborales informales donde corren un mayor riesgo de explotación y abuso.

... Los desafíos adicionales incluyen la ausencia de guarderías, el acceso limitado a la educación y la capacitación, y las restricciones a la capacidad de las mujeres para poseer activos productivos y controlar sus propios ingresos. La falta de oportunidades económicas adecuadas aumenta el riesgo de discriminación, la violencia sexual y de género, la explotación y el abuso de mujeres y niñas, incluido el acoso y la agresión sexual, el matrimonio forzado y precoz de niñas, el trabajo infantil y la trata de personas". (ACNUR 2016: 8)

Violencia sexual y de género (VSG): "[l]os principales desafíos señalados por las operaciones incluyen la impunidad de los perpetradores de violencia sexual y de género, y riesgos de protección particulares que enfrentan las mujeres y las niñas que viven en las zonas urbanas. Estos incluyen violencia sexual y de género vinculada a detención, deportación, explotación y alojamiento inadecuado y/o hacinamiento. Tanto los entornos urbanos como los albergues sufren de una escasez de refugios seguros, sistemas de denuncia y remisión débiles y sobrecargados, y una escasez de personal del ACNUR y sus socios con experiencia en violencia sexual y de género. Otro desafío es la fusión de temas de VSG con igualdad de género, en donde el trabajo en cuestiones de VSG se entiende como la suma total de todos los programas de igualdad de género. Esta confusión contribuye a una falta de compromiso en toda la agencia con las preocupaciones más amplias de igualdad de género". (ACNUR 2016: 9)

Este informe condujo a una gama adicional de recomendaciones para cumplir con los cinco compromisos y contribuyó a que las características de género en la migración forzada se convirtieran en un punto central en el desarrollo del *Pacto Mundial sobre los Refugiados*. Por ejemplo, el informe del ACNUR de 2017 titulado *"Achieving Gender Equality and addressing Sexual and Gender-Based Violence in the Global Compact on Refugees"* comenzaba destacando el siguiente punto clave:

> Las mujeres y las niñas constituyen al menos el 50 por ciento de la población de refugiados, pero en la política y la práctica se las presenta con mayor frecuencia como una minoría vulnerable. Su capacidad para contribuir a soluciones no es a menudo reconocida y la igualdad de género es un objetivo difícil de alcanzar. A pesar de las leyes y políticas integrales desarrolladas en los últimos 30 años para abordar las necesidades de protección de las mujeres y las niñas refugiadas, se reconoce que todavía sufren violaciones endémicas y violencia de género (VSG), que son tanto un resultado como una barrera importante para la igualdad de género. Esto impide el acceso a muchas medidas críticas de protección como servicios, información, trabajo digno, salud y educación, que son los requisitos básicos para la autosuficiencia, y a soluciones duraderas que deberían estar igualmente disponibles tanto para hombres como para mujeres. El inmenso capital social y económico y las capacidades de las mujeres y las niñas refugiadas a menudo se subutilizan y sus voces se silencian. Grandes barreras bloquean su acceso a la paridad con hombres y niños. Mientras esto siga ocurriendo, las mujeres y niñas siguen en situación de riesgo y se pierde su potencial participación en la resolución de problemas. (ACNUR 2017: 1)

Los efectos de este informe están presentes en el *Pacto Mundial sobre los Refugiados* y se reflejan particularmente en las secciones 74 y 75:

> 74. Las mujeres y las niñas pueden enfrentarse con obstáculos específicos asociados a su género que exigen una adaptación de las respuestas en el contexto de situaciones de refugiados en gran escala. De conformidad con los instrumentos internacionales y los mecanismos nacionales aplicables, los Estados y las partes interesadas pertinentes procurarán aprobar y aplicar políticas y programas destinados a empoderar a las mujeres y las niñas de las comunidades de refugiados y de acogida, y promover su pleno disfrute de los derechos humanos, así como su acceso

a los servicios y las oportunidades en condiciones de igualdad, teniendo en cuenta al mismo tiempo las necesidades y la situación particulares de los hombres y los niños varones.

75. Para ello serán necesarias aportaciones que promuevan la participación y el liderazgo reales de las mujeres y las niñas y fomenten la capacidad institucional y la participación de organizaciones nacionales y comunitarias de mujeres, así como de todos los ministerios gubernamentales competentes. Se requerirán recursos y conocimientos especializados para fortalecer el acceso a la justicia de las mujeres y las niñas y su seguridad y protección, en particular con objeto de prevenir y combatir todas las formas de violencia, como la explotación y los abusos sexuales, la violencia sexual y de género y las prácticas nocivas; también se requerirá apoyo para facilitar el acceso a servicios sociales y de atención de la salud que tengan en cuenta edad, discapacidad y género, entre otras vías mediante la contratación y el despliegue de personal sanitario femenino. Se fomentará la adopción de medidas destinadas a reforzar la capacidad de acción de las mujeres y las niñas, promover el empoderamiento económico de las mujeres y apoyar el acceso de las mujeres y las niñas a la educación (incluida la enseñanza secundaria y terciaria). (ACNUR 2018a:28-9)

El nexo entre migración forzada y género es, por lo tanto, bien reconocido en el ámbito de la política internacional sobre refugiados. Pero, ¿se encuentran las mujeres mejor protegidas? ¿Qué puntos debemos extraer de este breve resumen? El primero es que ha habido un importante proceso de aprendizaje por parte del ACNUR con respecto al carácter de género de la migración forzada, en el que algunas consultas con personas refugiadas se han convertido en una práctica razonablemente bien establecida desde que se introdujo un enfoque de edad, género y diversidad en 2004. El segundo es que sigue existiendo una serie de desafíos muy importantes por razones relacionadas con las características internas del ACNUR (incluida su estructura burocrática jerárquica), con cuestiones de financiación (y, en relación con la capacidad), y con características estructurales de los contextos de los refugiados (incluidas las normas de género locales). El tercero es que el reconocimiento legal como "refugiado" es importante para la aplicabilidad de estos compromisos, aun cuando en la práctica se cumplan parcialmente . El cuarto es que la violencia sexual y de género es una cuestión central en la dimensión de género de la migración forzada y, en consecuencia, también lo es la SSR y el acceso efectivo a los derechos de SSR. Esto se subraya en algunas de las recomendaciones del informe *Achieving Gender Equality*:

> Que la identificación de los riesgos de la VSG y las respuestas se proporcionarán en cooperación con los servicios locales y los ministerios del gobierno nacional. Estas medidas incluirán la implementación temprana de directrices de VSG y de salud, prestando atención a los riesgos adicionales que enfrentan las mujeres y las niñas, e incluirán

el acceso a refugios seguros para mujeres, niños y niñas, la provisión de materiales sanitarios, baños higiénicos separados por género e instalaciones de lavado dentro de los sitios de acogida. Las estrategias de prevención efectiva e innovadora se desarrollarán en colaboración con las comunidades de refugiados. (ACNUR 2017: 4)

Otra recomendación es que se facilite el acceso a los servicios nacionales de salud sexual y reproductiva, y de salud mental de personas refugiadas, que aborden las necesidades específicas de las mujeres y las niñas, la violencia sexual y de género, la *comunidad* LGBTI y otros sobrevivientes de tortura y las personas con VIH/SIDA. (ACNUR 2017: 5)

Esto no quiere decir que otras cuestiones relativas a la seguridad inmediata frente a violencia sexual y de género en contextos de tránsito y asentamiento, o al acceso a empleo regular como mecanismo de seguridad en contextos de subsistencia que exacerban el riesgo de violencia sexual y de género no sean importantes. El mismo informe es claro en este respecto al identificar y recomendar el apoyo a las necesidades permanentes:

Que las necesidades en curso como la salud sexual y reproductiva integral, la educación, el asesoramiento psicológico, los albergues adecuados y seguros, la información sobre las opciones legales y el acceso a la justicia, el acceso a la información, la igualdad de acceso a las soluciones mediante la ayuda en efectivo, las oportunidades de sustento sostenibles y apropiadas, la educación formal e informal, el reconocimiento o la conversión acelerada de cualificaciones educativas y profesionales, y el derecho al trabajo se proporcionarán tan pronto como sea posible y en cooperación con las comunidades de acogida. (ACNUR 2017: 5)

Más bien se señala que la salud y, en particular, la SSR es de interés inmediato y clave para las mujeres desplazadas y, por lo tanto, una lente importante a través de la cual abordar la disponibilidad de llevar una vida mínimamente digna para las mujeres y las niñas desplazadas forzosamente. Aunque las recomendaciones del ACNUR han sido centrales para la inclusión de directrices de género en los marcos pertinentes como el *Pacto Mundial sobre los Refugiados*, nos preguntarnos si estos avances pudieren traducirse en mecanismos de integración de políticas a nivel nacional. De lo contrario, el riesgo es que estas directrices sigan siendo nominales. Es en este punto, por lo tanto, que pasamos a rastrear el reconocimiento de la intersección de género, salud y la migración en la política.

Género, migración y el derecho humano a la salud: ambigüedades en la gobernanza y la responsabilidad

La consciencia mundial en torno a la feminización de la migración, forzada o no, hizo que la perspectiva de género se convirtiera progresivamente en parte de los instrumentos normativos internacionales y nacionales, junto con los llamamientos a respetar los compromisos internacionales en materia de derechos humanos vigentes.

En principio, todas las personas migrantes gozan de la protección en base a un conjunto complejo de leyes y tratados internacionales que, a partir de la Declaración Universal de Derechos Humanos de 1948, establecen derechos y libertades para todos los seres humanos, así como el deber de protegerlos. A partir de la Constitución de la Organización Mundial de la Salud (OMS) de 1946 y la Declaración Universal de Derechos Humanos (DUDH) en 1948, se plantea el derecho a disfrutar del más alto nivel posible de salud como un derecho fundamental de todo ser humano, sin distinción de raza, religión, ideología política, condición social o económica (OMS 2003). En 2000, el Comité de Derechos Económicos, Sociales y Culturales de la ONU (CESCR, por sus siglas en inglés) emitió la "Observación general No. 14",[3] una interpretación jurídicamente vinculante de los derechos humanos a la salud que codifica el derecho a la salud como un "derecho al disfrute del más alto nivel posible de salud y al acceso a centros de tratamiento de enfermedades". La Observación general No. 14 reconoce que el derecho a la salud depende y contribuye a la realización de otros derechos humanos, como el derecho a la alimentación, a un nivel de vida adecuado, a la privacidad y al acceso a la información. La Observación general No. 14 también declara las libertades y derechos relacionados con el derecho a la salud. Las libertades incluyen el derecho a no ser sometido a un tratamiento médico no consensual, a la tortura y cualquier otro tratamiento o castigo degradante, inhumano o cruel, y el derecho a controlar su propio cuerpo, incluyendo la libertad sexual y reproductiva. Los derechos incluyen el derecho a un sistema de protección de la salud; el derecho a la prevención, el tratamiento y el control de las enfermedades; el derecho a entornos naturales y laborales saludables; y el derecho a instalaciones, bienes y servicios sanitarios. Otro aspecto importante en la Observación general No. 14 es la importancia de la sensibilidad cultural, o de la prestación médica culturalmente apropiada, y el disfrute del más alto nivel posible de salud que permita llevar una vida digna.

¿Qué significa esto para las mujeres y las niñas desplazadas en tránsito o en asentamiento temporal, que se instalan en nuevos países tras huir por la fuerza de condiciones que amenazan sus derechos y su dignidad, en particular su derecho a la salud? Según el artículo 12 del Pacto Internacional de Derechos Económicos, Sociales y Culturales, los Estados tienen la obligación legal de "respetar el derecho a la salud, entre otros aspectos, absteniéndose de denegar o limitar la igualdad de acceso de todas las personas, incluidas ... solicitantes de asilo e inmigrantes indocumentados, a los servicios de salud que proporcionan cuidados curativos y paliativos; y de aplicar prácticas discriminatorias como política de Estado".[4] Es decir, la restricción del acceso a los servicios de salud para poblaciones debido a su condición jurídica constituye una violación de las normas internacionales de derechos humanos. Esto incluye el reconocimiento y la integración de la SSR de las mujeres migrantes, aceptada en 1995 durante la *Cuarta Conferencia Mundial sobre la Mujer*, celebrada en Pekín. Su Plataforma de Acción destacó la importancia de los derechos humanos de las mujeres y las niñas, y su participación en la sociedad en igualdad de condiciones, señalando las obligaciones gubernamentales de:

> Velar por la plena realización de los derechos humanos de todas las mujeres migrantes, incluidas las trabajadoras migrantes, y su protección contra la violencia y la explotación. Instituir medidas para mejorar la situación de las migrantes documentadas, incluidas las trabajadoras migrantes, y facilitar su empleo productivo mediante un mayor reconocimiento de sus aptitudes, su educación en el extranjero y sus credenciales, y facilitar también su plena integración en la fuerza de trabajo. (Declaración y Plataforma de Acción de Beijing de 1995: 10, 58:k)

Asimismo, el Comité para la Eliminación de la Discriminación contra la Mujer (CEDAW), en su Recomendación General 24, artículo 12 sobre "la Mujer y la Salud" (1999) afirma que "debe prestarse especial atención a las necesidades y los derechos en materia de salud de las mujeres pertenecientes a grupos vulnerables y desfavorecidos como los de las emigrantes, las refugiadas y las desplazadas internas". Su Recomendación General No. 26 sobre las trabajadoras migrantes, ofrece una orientación específica sobre los servicios esenciales de salud sexual y reproductiva que deben ser garantizados por los Estados (CEDAW 1999).

Más recientemente, los Objetivos de Desarrollo Sostenible (ODS) reconocieron objetivos específicos pertinentes para apoyar su propósito de "no dejar a nadie atrás", incluidos el ODS 1 para reducir la pobreza, el ODS 3 para alcanzar la salud y el bienestar con cobertura universal, y garantizar el acceso universal a los servicios de atención de la salud sexual y reproductiva, incluida la planificación familiar, la información y la educación, y la integración de la salud reproductiva en las estrategias y programas nacionales (3. 7); el ODS 5 sobre la igualdad de género, el ODS 10 sobre la reducción de las desigualdades; el ODS 11 sobre las ciudades y comunidades sostenibles (en particular 11.5 sobre protección de desplazados); y el ODS 17 sobre alianzas para el desarrollo sostenible.

Si bien el principio de los ODS de las Naciones Unidas de "no dejar a nadie atrás" incluye a las personas migrantes y refugiadas, la consecución de un cuidado de salud universal para las mujeres y las niñas migrantes requiere una consideración mayor de las condiciones que rodean la migración, que a menudo reproducen inequidades y exponen a las personas migrantes a mayores desigualdades en materia de salud. Entre ellas se encuentran las políticas de migración restrictivas que empujan a personas migrantes a viajar de forma clandestina y peligrosa, utilizando medios de transporte irregulares. También pueden ocasionar sentimientos en contra de las personas migrantes que limitan su acceso a la atención médica, la educación y a condiciones de trabajo y de vida dignas y seguras. Parte de esto fue retomado en el *Pacto Mundial para una Migración Segura, Ordenada y Regular*, y en el *Pacto Mundial sobre los Refugiados*, adoptados en 2018 bajo los auspicios de las Naciones Unidas, en su compromiso de proporcionar "un enfoque con perspectiva de género" en el que un principio rector establece un mapa para la acción colectiva que permita revertir las condiciones que crean desigualdades de género en términos de daños y barreras para el acceso de las mujeres migrantes a la protección y la atención sanitaria.

Estos marcos dejan muy claro que los *derechos* a la salud, incluidos los derechos a la salud sexual y reproductiva, significan más que *salud* entendida únicamente en términos de un mínimo sanitario. El garantizar que las mujeres y niñas migrantes puedan ejercer plenamente y en igualdad de condiciones sus libertades y derechos en relación con el derecho a la salud significa defender su lugar en la sociedad. Para que esto se logre, hacer valer derechos sexuales y reproductivos es una parte clave de las obligaciones de los Estados, pero también lo es el desafiar las normas sociales conservadoras en relación con la forma en la que las mujeres migrantes son tratadas y posicionadas en la sociedad, su papel social, el lugar de la mujer migrante en el lugar de trabajo, y la familia, que también son fundamentales para el cumplimiento del derecho a la salud. Sin embargo, como sostienen Henneby y Petrozziello (2019), a pesar de sus compromisos, los Estados están fallando, deliberadamente o no, en convertir los compromisos internacionales en mecanismos sostenidos concretos para medidas efectivas y sostenibles que puedan corregir las desigualdades de género sistémicas y estructurales.

Los marcos regionales han sido medios importantes para incluir los derechos de las personas migrantes en la agenda nacional en América Latina. Sin embargo, a pesar de la retórica, estas políticas no han sido plenamente implementadas sobre en terreno, y la salvaguardia de los derechos de las personas migrantes presenta limitaciones profundas. Como se analizará en el Capítulo 3, a pesar de respaldar los compromisos internacionales pertinentes, los países latinoamericanos han tenido dificultad para mejorar sus políticas nacionales destinadas a proteger a las personas migrantes, en particular a mujeres y niñas desplazadas, y lo que es aún más dramático, para desarrollar un enfoque de migración y cooperación sensible a una perspectiva de género para la migración y la gestión de fronteras. La estructura de gobernanza regional es compleja e incluye organizaciones como la Comunidad del Caribe (CARICOM), la Unión de Naciones Suramericanas (UNASUR), la Comunidad Andina (CAN), el Mercado Común del Sur (Mercosur) y la Alianza del Pacífico. Sin embargo, los marcos normativos regionales son a menudo muy débiles o institucionalmente anémicos para igualar las condiciones entre migrantes y nacionales (Hujo y Piper 2015). Por esta razón, la gobernanza de la migración se ha implementado de manera desigual y arbitraria en la región, favoreciendo enfoques de "gestión migratoria" vinculados a normas de seguridad y empleo y a los derechos laborales (Acosta y Geddes 2014; Ceriani Cernadas 2018), en lugar de a un enfoque basado en los derechos para una gobernanza de la migración con perspectiva de género. La gobernanza regional de la migración no ha asignado responsabilidades ni formas de protección para mujeres y niñas en desplazamiento como una responsabilidad compartida. Por esta razón, con respecto al género, los marcos regionales y nacionales no abordaron roles, normas y relaciones de género perjudiciales que son impulsores de migración, ni garantizaron servicios sensibles al género para mujeres y niñas durante el desplazamiento y en lugares de residencia. Existe una brecha clara entre lo que los sistemas de gobernanza pueden hacer en términos de promoción de los derechos humanos y cómo la política realmente se traduce en leyes y prácticas nacionales, particularmente en relación con la integración de las consideraciones de género en dichas leyes y prácticas (Riggirozzi y Ryan 2022).

Enfocándonos en las respuestas nacionales, existen proyectos y programas que tienen como objetivo proteger a las mujeres y las niñas migrantes de daños y explotación, pero esto no es suficiente para revertir las condiciones que permiten que daños y explotación sucedan en primer lugar. La experiencia cotidiana de mujeres y niñas durante el desplazamiento sugiere que las barreras sociales y culturales a la integración, el estrés de la aculturación, la exclusión, la violencia y la discriminación, los cambios en el modo de vida y la pérdida de redes familiares y de amistad, así como la precariedad y la pobreza, son factores adicionales que repercuten en la salud de mujeres y niñas desplazadas (Starrs *et al* 2018; OPS 2019a). La falta de formación o comprensión por parte del personal en los establecimientos de salud con respecto a los derechos de las personas migrantes a recibir atención, la insensibilidad cultural y el racismo arraigado reproducen sesgos discriminatorios (Médicos Sin Fronteras 2017). La falta de acceso a datos desglosados en el diseño y la implementación de políticas, y la falta de visibilidad, en muchos casos debido al estatus migratorio irregular, también obstaculizan el acceso de mujeres y niñas desplazadas a la protección, la atención médica y los derechos en general. La pandemia de COVID-19 acentuó desigualdades de género preexistentes, y exacerbó los impactos diferenciales en las poblaciones vulnerables. Esto ocurrió particularmente en el caso de las mujeres, las niñas y la comunidad LGBTQIA+[5] desplazadas, que han enfrentado retos relacionados con desalojos forzosos, falta de apoyo financiero o de acceso a fondos públicos, oportunidades limitadas para ganarse la vida, aumento de riesgos de quedarse sin hogar y de caer en la indigencia, violencia de género, riesgos de explotación y un aumento de un estatus "irregular" entre muchos de ellos, que, debido a las políticas restrictivas y al cierre de fronteras, no tuvieron otra opción que entrar en los países a través de pasos alternativos, lo que en general amplió y profundizó situaciones de crisis que forzaron la migración en primer lugar (también Walsham 2022).

Han pasado cerca de tres décadas desde que se celebró en El Cairo la pionera Conferencia Internacional sobre la Población y el Desarrollo (1994), y cuatro desde la adopción de la CEDAW que confirmó la salud sexual y reproductiva como un derecho humano fundamental y un componente necesario para el bienestar y la inclusión de las mujeres y las niñas en la sociedad, incluidas las mujeres migrantes. Sin embargo, aún queda mucho por hacer a nivel internacional, regional y nacional para reparar las desigualdades de género en materia de salud, en particular aquellas ocurridas durante el desplazamiento, y como consecuencia del mismo.

La salvaguarda de los derechos de las mujeres y las niñas desplazadas, y en particular de la salud y los derechos reproductivos, sigue siendo un pilar fundamental en la lucha incesante por la igualdad de género y por hacer efectiva la obligación de los Estados de respetar, proteger y garantizar el cumplimiento de los derechos sexuales y reproductivos de las mujeres y las niñas. Esto es fundamental para el análisis que se desarrolla en este libro.

Feminización de la migración, el desplazamiento y la salud

La migración puede actuar a la vez como facilitadora de oportunidades y como una restricción de las libertades y los derechos. Trabajos académicos han hecho énfasis en que la feminización es una dimensión central de la migración internacional contemporánea. Esta tendencia no es nueva en un mundo cada vez más globalizado y sus externalidades. De hecho, como analizan Donato y Gabaccia (2015), las mujeres siempre han migrado y a menudo en cantidades considerables. Lo que es nuevo en la tendencia son las razones y, en este sentido, el debate sobre la feminización de la migración no se refiere tanto a las cifras, aunque sean significativas, sino a las razones reales que fuerzan la migración, incluidas las mujeres que migran cada vez más como principales proveedoras económicas o "sostén" de sus hogares. En 2006, un informe de las Naciones Unidas asoció la feminización de la migración con formas específicas de migración generadas por la comercialización internacional de la migración de trabajadoras domésticas y cuidadoras, la migración y la trata de mujeres para la industria del sexo y la migración organizada de mujeres para contraer matrimonio. Esta situación sombría aumentó la atención sobre la composición de género entre los migrantes y los riesgos a los que se enfrentan las mujeres que se desplazan, especialmente en relación con abusos sexuales, violencia, trata y la explotación de las trabajadoras domésticas inmigrantes.

El abordaje feminista en estudios sobre migración forzada subrayó muchas de estas cuestiones destacando situaciones en las que el matrimonio precoz, la mutilación genital femenina, el estigma social de género, la violencia de género y la pobreza obligan a las mujeres y las niñas a huir (Freedman 2016, 2017; Menjívar y Walsh 2017; Patrinioti *et al* 2021). Académicos especializados en la migración, como Aleinikoff y Zamore (2019), identificaron como "desplazados por necesidad" a aquellas personas desplazadas forzosamente que huyen de situaciones por razones de necesidad práctica. Para muchas mujeres y niñas en América Latina, y más allá, estas razones de necesidad práctica están vinculadas al género. Las condiciones en su país de origen son intolerables y dejan a muchas mujeres sin otra alternativa razonable que huir del país debido a la amenaza directa o riesgo de inseguridad física, o a la pérdida de refugio y medios de subsistencia, o a que su capacidad para cuidar de sí mismas y de sus familias se ve radicalmente socavada.

Sin embargo, los caminos y los cruces fronterizos que transitan muchas mujeres y niñas son peligrosos y las exponen a violencia de género, retos y abusos que pueden afectar su salud sexual y reproductiva. Las mujeres migrantes por la fuerza están particularmente expuestas a los riesgos de explotación, violencia sexual y comportamiento sexual de alto riesgo para su supervivencia (económica), lo que lleva a un número creciente de embarazos no deseados, VIH e ITS, muerte materna y precariedad generalizada (UNFPA 2009, Ward y Marsh 2006; Madise y Onyango 2017; OPS 2019a). Por ejemplo, Médicos Sin Fronteras (2020) reportó que, en la frontera sur de México, por donde migrantes procedentes de Centroamérica cruzan a pie para evitar los controles fronterizos, policías y bandas, a menudo en colaboración entre sí, fueron denunciados como perpetradores de violaciones sexuales y de género (también Angulo-Pasel 2018). Particularmente en el caso de las personas desplazadas de Venezuela, muchas mujeres denunciaron a otros migrantes o traficantes como perpetradores de violencia sexual y otras violaciones a su integridad y derechos.

Además de los viajes precarios y peligrosos, muchas mujeres y niñas sufren un acceso inadecuado a alimentos y agua, y viven situaciones traumatizantes durante dichos viajes, como consecuencia de sus modalidades y su duración. Como lo afirmó Frida, una adolescente que emigró de Venezuela a Brasil junto con su madre, caminando durante dos días: "sólo tiene que poner su mente en blanco y seguir por el camino" (Manaos, 15 de julio de 2021). Como migrantes, y como mujeres, muchas toman decisiones audaces que pueden poner en peligro sus propias vidas, pero lo hacen por razones de esperanza, un sentido de responsabilidad y cuidado, así como un deseo intrínseco de supervivencia. Muchas son madres que cuidan a otras personas que viajan con ellas, o madres que dejan atrás a sus hijos e hijas, o que están al cuidado de familiares ancianos. El papel real que juegan en el cuidado y la responsabilidad también son causas de género que empujan a la migración forzada. En situaciones difíciles, muchas mujeres hacen sacrificios por sus hijos e hijas en, durante y a lo largo de la migración. El temor por la seguridad de sus hijos e hijas, especialmente por las niñas, debido a amenazas de abusos sexuales, es una constante para muchas mujeres migrantes durante y después del desplazamiento, especialmente entre las que viajan solas o son madres solteras.

Una vez que se encuentran en el viaje migratorio, muchas de las decisiones que las mujeres y las niñas toman, o que se ven obligadas a tomar, para responder y hacer frente a los riesgos que enfrentan durante el desplazamiento pueden, a su vez, generar nuevos riesgos para su salud, bienestar y dignidad en general. Esto es lo que Garbett *et al* (2023) identificaron como la "paradoja de la elección". Las mujeres y las niñas se ven forzadas a tomar decisiones que comprometen su bienestar, autonomía y dignidad y, sin embargo, esa parece ser una decisión necesaria ya que les permite continuar el viaje. Por ejemplo, las mujeres pueden verse o sentirse forzadas a intercambiar sexo por comida, protección o transporte para continuar el paso o la travesía, o para la subsistencia en los lugares de residencia. Una mujer migrante entrevistada en Bogotá, Colombia, recordó:

> "Muchas personas toman la salida más fácil, que es la prostitución … vender sus cuerpos, cosas que no hicieron en Venezuela … acá tal vez porque tienen necesidades, tienen que alimentar a sus hijos e hijas".
> (Nancy, Bogotá, 19 de agosto de 2021)

De la misma manera, muchas están sujetas a exigencias cambiantes y abusos por parte de los traficantes en el transcurso del viaje. Una entrevistada de 25 años describió la situación:

> "Viajamos por trocha,[6] con mi esposo. ... Tuvimos una experiencia mala al final de todo el recorrido de la trocha, porque unos malandros nos sometieron ... querían que pagáramos más, pero pagamos antes ... pero querían que yo pagara ... que me acostara con ellos, y así, bueno, esa fue una mala experiencia ..." (Flavia, Manaos, 7 de mayo de 2021)

La realidad aceptada de que las mujeres y niñas migrantes tienen más probabilidades de sufrir abusos sexuales y violaciones durante la jornada migratoria, la situación casi normalizada de violencia sexual de género, conduce a muchas mujeres y niñas adolescentes a utilizar anticonceptivos de acción prolongada antes de viajar. Este es el principal método preventivo en la preparación para la huida y en lo que respecta a la salud sexual y reproductiva (Vázquez-Quesada *et al* 2021). Entre el 60 y el 80 por ciento de las mujeres migrantes que viajan por México son violadas en el camino, según las estimaciones de un estudio realizado por Amnistía Internacional (Amnistía Internacional 2010; véase, además, Soria-Escalante *et al* 2021: 28). El riesgo aumenta según la edad, especialmente para las niñas y adolescentes que viajan solas o en manos de un traficante que las guía hasta la frontera del país de destino. Las niñas y las adolescentes que viajan solas también pueden convertirse fácilmente en blanco de redes de trata de personas con fines de explotación sexual.

Los retos específicos al género que enfrentan mujeres y niñas durante el desplazamiento a menudo se ocultan y no se denuncian. Las situaciones perjudiciales y de vulnerabilidad no solo afectan la autonomía y el bienestar de las mujeres y las niñas durante el desplazamiento, sino también sus oportunidades para una integración justa en las sociedades de acogida. Muchas personas migrantes sufren vulnerabilidades de género en materia de salud como consecuencia de la explotación sexual o explotación en el mercado laboral- en forma de trabajo de cuidados informal, precario y no remunerado o mal remunerado (Delgado Wise *et al* 2013, Bastia y Piper 2019). Estos factores, junto con la denegación de la protección y el acceso a los servicios de salud durante la jornada migratoria o después de la llegada por motivos legales relacionados con la condición de migrante, prácticas discriminatorias y sentimientos antimigrantes son determinantes del estado de salud, de oportunidades de acceso a servicios de salud, así como del comportamiento e intención de búsqueda de atención médica (Starrs *et al* 2018; Wickramage y Annunziata 2018). Como afirmó Sheylimar en una entrevista, "la migración significa ser juzgada" (Manaos, 17 de julio de 2021).

Muchas académicas feministas han llamado la atención acerca de cómo los contextos sociales e institucionales, durante el viaje y en los lugares de acogida reproducen desigualdades e injusticias de género en materia de salud (Piper 2009; Herrera 2013; Freedman 2016, 2017). Por ejemplo, el estatus legal (o su ausencia), las políticas que conceden o deniegan el acceso a servicios sanitarios y sociales a personas migrantes, y las condiciones de trabajo y de vida de los migrantes son factores determinantes de la accesibilidad a la asistencia sanitaria y del estado de salud (véanse también Fleischman *et al* 2015; Ho *et al* 2019). Analizaremos este punto con más detalle en el Capítulo 3. Mientras tanto, nos basamos en estas preocupaciones para argumentar que existe un nexo entre migración-género-salud definido por los riesgos y las vulnerabilidades de género que afectan la salud de las mujeres y las niñas desplazadas, en particular su salud sexual y reproductiva, durante el proceso de migración y debido a éste. Es en este sentido que extraemos implicaciones críticas sobre cómo se concibe y debe concebirse la protección y cómo las regulaciones, las políticas y los servicios en los lugares de tránsito y de asentamiento deben abordar las circunstancias en las que se encuentran las "desplazadas por necesidad", así como para asegurar condiciones que permitan a mujeres y niñas desplazadas "reconstruir sus vidas en relación con su entorno social inmediato y participar en elecciones autónomas con respecto a su futuro" (Owen 2018: 31).

Los sistemas de protección y, en particular, los sistemas de salud en las comunidades de acogida tienen la responsabilidad, legal y moral, de apoyar a las mujeres y las niñas desplazadas. Por supuesto, el impacto a la llegada repentina de migración masiva presenta un desafío para los gobiernos receptores y, en el caso de los países en desarrollo, existe una mayor presión sobre las comunidades que ya sufren las consecuencias del desarrollo desigual y pobreza. Allí, su capacidad para proporcionar la infraestructura y prestar servicios (de salud) básicos puede verse enormemente comprometida (Rivillas *et al* 2018; Angulo-Pasel 2018; Abubakar *et al* 2018). En consecuencia, organizaciones internacionales y actores no estales (incluidas organizaciones benéficas e instituciones religiosas) son quienes intentan a menudo llenar el vacío de atención a las necesidades de salud de las personas desplazadas y apoyar, frecuentemente de manera *ad hoc*, su derecho humano a la salud.

Partiendo de esta base, afirmamos que la generación de equidad de género y el cumplimiento de los derechos de las mujeres y las niñas desplazadas recae claramente en los actores nacionales, como los sistemas de salud y las agencias estatales, así como en las obligaciones de los actores internacionales multilaterales y regionales, de manera que protejan el derecho a la salud de las mujeres y las niñas desplazadas, corrigiendo las condiciones que afectan sus perspectivas de bienestar y abordando las desigualdades en materia de salud, permitiendo que todas las mujeres y las niñas migrantes reconstruyan sus vidas con dignidad, independientemente de su estatus migratorio, como se analizará más a fondo a lo largo del libro.

Feminización y causas de género del desplazamiento forzado venezolano

La migración en América Latina no es algo nuevo, pero la magnitud de la migración intrarregional en América Central y del Sur ha sido un hecho sin precedentes en los últimos cinco años. Desde la primera "caravana" de más de 7000 personas espontáneamente auto organizadas que caminaron desde Honduras, El Salvador y Guatemala para marchar a través de México hacia Estados Unidos en 2018, hasta los más de 7 millones que huyeron de Venezuela desde 2015, se hizo evidente que la falta de protección de sus gobiernos, la pobreza y las precarias condiciones de vida impulsan a miles de mujeres y niñas a abandonar sus hogares.

Mientras que América Central tiene un historial de migraciones masivas, agravado por la reciente historia de violencia pandilleril, América del Sur fue tomada por sorpresa por los desplazamientos rápidos y a gran escala desde Venezuela ocurridos desde 2014. Venezuela ha visto un cambio rápido de eventos que ha resultado en la crisis humanitaria más compleja en la historia del país y Sudamérica. De ser una de las mayores reservas petroleras del mundo, Venezuela se convirtió en la economía más pobre de América del Sur, con una hiperinflación anual sorprendentemente cercana al 500 000 por ciento desde 2018 y niveles de pobreza que afectan a aproximadamente el 90 por ciento de la población (Banco Mundial 2021: 14). Esto contrasta marcadamente con las décadas anteriores cuando Venezuela era el punto focal en la promesa continental de una alternativa más directa e inclusiva a los enfoques mercantilizados dominantes del desarrollo y la democracia. De hecho, a finales de la década de 1990, los gobiernos de América del Sur se embarcaron en varios experimentos "posneoliberales" que durante más de una década parecieron funcionar, y en los que Venezuela fue un motor financiero e ideológico central. Las reformas sociales, políticas y económicas que se llevaron a cabo en Venezuela entre 1998 y 2012 ayudaron a disminuir la pobreza en una cantidad espectacular del 50 por ciento, y la pobreza extrema en un 65 por ciento. Venezuela también se convirtió en un referente importante y pionero en políticas sociales transnacionales, financiando políticas de salud en la región. Por ejemplo, en el marco de un programa emblemático conocido como Petróleo por Doctores, Venezuela subsidió exportaciones de petróleo a Cuba a cambio del envío de médicos cubanos y de programas de formación médica (Webb-Vidal y Frank 2004), expandiendo el número de médicos de atención primaria en el sector público y apoyando el programa Barrio Adentro que brindó atención médica básica gratuita en Venezuela (Muntaner *et al* 2006). Del mismo modo, por medio de la Misión Milagro, Venezuela ofreció atención oftalmológica gratuita a personas de toda la región, mientras que otras iniciativas venezolanas abordaron las necesidades de las personas con discapacidad en América Central y del Sur (véase, Riggirozzi 2012).

Pero estos proyectos notables dependían del ingreso de la bonanza petrolera de Venezuela y las reservas acumuladas. Una vez que el país se vio afectado por una recesión internacional de la industria petrolera, el resultado fue una cadena de escasez y privación social generalizada, y una crisis sociopolítica en espiral. Junto con el colapso económico, políticamente el país fue testigo de la rápida expansión del autoritarismo tras la muerte del presidente Hugo Chávez en 2013 y la toma del poder por Nicolás Maduro. Las crisis humanitaria, económica y política en Venezuela han empeorado desde entonces, a la que se han sumado sanciones internacionales. Caritas (2017) reportó una reducción drástica en las importaciones de alimentos, y el alto costo de los alimentos que provocó la privación de los mismos y el hambre, incluidas situaciones de desnutrición infantil en partes de Venezuela. Además, el deterioro de las finanzas públicas tuvo un impacto en la prestación de los servicios de salud, lo que provocó un aumento significativo de los casos de sarampión y difteria, enfermedades previamente erradicadas, así como de tuberculosis y malaria. Esta situación crítica se vio agravada por la falta de medicamentos esenciales, cerca del 85 por ciento, y el colapso de la infraestructura hospitalaria, incluida la falta de electricidad y agua, así como de suministros como guantes y jeringas (Van Praag 2019).

Si bien estas crisis interrelacionadas afectan a la población en general, tienen un efecto desproporcionado sobre las mujeres y las niñas. Por ejemplo, la escasez de alimentos tiene un efecto particularmente adverso sobre mujeres cuidadoras y cabezas de familia, quienes a menudo son responsables de alimentar a los niños y niñas, y cuidar a los ancianos. Los informes muestran que las mujeres pasan hasta diez horas al día buscando comida y en algunos casos intercambian sexo por alimentos. Según la Oficina del Alto Comisionado de las Naciones Unidas (2018), se presentaron altas tasas de desnutrición entre mujeres embarazadas en barrios pobres y un aumento significativo en las tasas de mortalidad materna e infantil. Además, el fuerte declive de la infraestructura médica afectó a las mujeres en edad fértil, ya que tuvieron especiales dificultades para acceder a métodos anticonceptivos. Incluso antes de la crisis humanitaria, Venezuela tenía una de las tasas más altas de embarazo adolescente en el mundo (Cawthorne 2014). Para abordar ese problema, el gobierno socialista implementó el derecho a la anticoncepción en 2005, pero desde entonces el abastecimiento de anticonceptivos en el país se ha reducido en un 90 por ciento (Albaladejo 2018). La escasez de anticonceptivos, junto con una disminución en la infraestructura médica, fomentó un aumento en enfermedades de transmisión sexual, en particular el VIH, el incremento de las tasas de mortalidad materna, el riesgo de embarazos no deseados (un problema ampliamente reconocido entre las adolescentes) y, en consecuencia, los abortos inseguros (Alto Comisionado de las Naciones Unidas para los Derechos Humanos 2019: 18). Cada vez más mujeres y niñas recurren a abortos ilegales e incluso a esterilizaciones (Marillier y Squires 2018). El deterioro de los hospitales y las clínicas de maternidad también limitó la atención prenatal y posnatal. Amnistía Internacional (2018) informó que entre 2015 y 2016, las muertes maternas aumentaron en un 65 por ciento y la mortalidad infantil en un 30 por ciento, lo que representa un retroceso de 25 años en Venezuela. No solamente tiene Venezuela la mortalidad materna más alta de la región (125 muertes por 100 000 nacimientos vivos) sino que además el 13 por ciento de dichas muertes se debe a la práctica de abortos inseguros (véase, Van Praag 2019; Luigi-Bravo y Gill 2022).

Como exploramos en más detalle en el Capítulo 4, no es de extrañar que en este contexto la salud y la SSR en particular se convirtieran en razones por las que muchas mujeres se vieron en la necesidad de huir con la esperanza de vivir una vida sana, digna y libre de daños, miedo y violencia de género.

Entender la crisis migratoria venezolana desde una perspectiva de género es conceptualizar y hacer visibles historias y luchas de derechos humanos de mujeres y niñas que se vieron forzadas a abandonar sus lugares de residencia, pero también dirigir la atención hacia agendas políticas a nivel internacional, regional y nacional responsables por gestionar y satisfacer las necesidades de salud en la migración y más allá.

Conclusión

La buena salud de las mujeres y las niñas que se desplazan y la salvaguarda de los derechos humanos para todos son fundamentales para cualquier solución duradera a los retos que plantean los desplazamientos masivos y forzosos. Sin embargo, la salud, y la salud sexual y reproductiva en particular, es una de las cuestiones más sombrías de las experiencias perjudiciales que afectan los derechos, las libertades, la dignidad y las oportunidades de mujeres y niñas desplazadas para integrarse en la sociedad.

Esto ha sido resaltado por agendas internacionales basadas en el reconocimiento del vínculo entre la salud y la pobreza. La igualdad de género, el empoderamiento de las mujeres y las niñas, y las vidas saludables y el bienestar con la promesa transformadora de no dejar a nadie atrás son elementos constituyentes de los ODS de conformidad con el Programa de Acción de la Conferencia Internacional sobre la Población y el Desarrollo y la Plataforma de Acción de Beijing y los documentos finales de sus conferencias de revisión. El impulso siguió con el Pacto Mundial sobre Migración en 2018 y el establecimiento de la Red de las Naciones Unidas sobre Migración. Sin embargo, sigue habiendo brechas importantes en la integración adecuada de una perspectiva de género para la prestación de la SSR y la protección de derechos en la gobernanza internacional y regional (Hennebry y Petrozziello 2019).

De ello se derivan dos consecuencias inmediatas que serán objeto de análisis en capítulos posteriores. En primer lugar, la salud de las mujeres migrantes, y la SSR en particular, va a la zaga de la promesa de los principios de protección; existen brechas de protección donde leyes, normas, circunstancias materiales y actores internacionales y nacionales en contextos específicos deberían cumplir con el deber de garantizar la protección de las personas desplazadas forzosamente, pero no lo logran. En segundo lugar, millones de mujeres y niñas en América Latina están atrapadas en un círculo vicioso de vulnerabilidad a la violencia endémica y crisis humanitaria que adopta formas específicas de violencia de género y desplazamiento forzado (con sus propios riesgos para la salud de las mujeres, y la salud sexual y reproductiva en particular). Sin embargo, el acceso a los servicios públicos de protección que pueden garantizar los derechos a la salud durante el viaje y en los lugares de acogida se enfrenta a barreras que comprometen tanto la responsabilidad de protección y servicios como la capacidad de las respuestas que los Estados han asumido a escala internacional. A lo largo del libro argumentamos que, si bien los compromisos internacionales hacia las personas que no son nacionales son normalmente organizados de una forma distintiva creando diferentes marcos de protección en base al binomio migrantes y refugiados, las mujeres desplazadas forzosamente, como aquellas desplazadas por necesidad, tienen derecho a protección y a los derechos (humanos) básicos por razones que van más allá de estas categorías. El Capítulo 2 analizará en particular cómo esta distinción entre migrante-refugiado afecta la gobernanza del desplazamiento femenino y el acceso desigual de las mujeres a los derechos y, por lo tanto, se propone el uso de un marco diferente, que va más allá de esta gobernanza binaria, para abordar la protección de las mujeres desplazadas por razones de necesidad práctica. Desarrollamos estas afirmaciones en los próximos capítulos y problematizamos el significado de la migración para las mujeres y niñas venezolanas, al tiempo que cuestionamos si los marcos normativos existentes abordan las necesidades y derechos de SSR, y si son capaces de estructurar prácticas de acuerdo con esas necesidades y las responsabilidades de los Estados en el cumplimiento de los objetivos nacionales e internacionales.

CAPÍTULO DOS
La problemática distinción entre migrante y refugiado en América Latina

El concepto general de "migrante" abarca una gama heterogénea de individuos que, por diferentes razones, se desplazan de un lugar a otro. Los migrantes pueden desplazarse tanto dentro de sus propias fronteras estatales como fuera de ellas. Además, la migración puede suponer movimientos pendulares, circulares o de regreso; tránsito, asentamiento o simplemente viajes por cortos períodos de tiempo. Las causas de una migración específica pueden, por lo tanto, cambiar dependiendo de la situación, la dinámica del desplazamiento y las oportunidades de las personas migrantes para elegir libremente, expresar deseo y ejercer agencia. Sin embargo, como concepto legal y en contextos de políticas, "migrante" se distingue, por un lado, de "visitantes" (como turistas) y, por otro, de "refugiados" (y sus categorías conexas). Este capítulo se centra en la distinción existente entre "migrantes" y "refugiados", y en las implicancias de cómo dicha distinción se moviliza y funciona en contextos jurídicos, políticos y sociales, presentando efectos importantes sobre los derechos y el bienestar de las personas sujetas a este modelo.

Esto presenta una particular importancia en el caso de los venezolanos desplazados, especialmente para las mujeres y niñas migrantes de Venezuela, como ya se mencionó en el capítulo anterior. Las principales razones de su desplazamiento son la pobreza extrema, la falta de servicios médicos, la violencia de género y la falta de sustento. Estas mujeres y niñas desplazadas se encuentran en una situación en la que no están directamente incluidas en las categorías de protección internacional de las personas refugiadas. En consecuencia, es posible que no se les reconozca el derecho a la protección y asistencia necesarias, lo que las hace vulnerables a mayores violaciones de sus derechos, incluso en sus ya muy frágiles circunstancias.

En este capítulo se examinan, en primer lugar, los debates existentes en torno a la categoría de "refugiado" y su papel político dentro del actual régimen internacional de los refugiados. Luego se analiza cómo la distinción entre refugiado y migrante establece una jerarquía de derechos en las formas en que se acoge y trata a las personas que cruzan fronteras internacionales. En este contexto, se defiende un marco en el cual las categorías de las personas desplazadas a las cuales se les debe dar asistencia y protección internacional se especifican mediante el concepto de "desplazados por necesidad" (Aleinikoff y Zamore 2019). Este concepto se refiere a todas las personas para quienes, debido a las condiciones en su Estado de origen, la huida transfronteriza representa un recurso razonable y justificable para garantizar sus derechos humanos básicos. Esto incluye individuos que pueden de manera razonable llegar a la conclusión de que su única alternativa es la de abandonar su país y comenzar un proceso migratorio debido a una amenaza directa o la posibilidad de sufrir inseguridad física, la pérdida de un sitio seguro para vivir y de medios de subsistencia, o porque su capacidad para cuidar de sí mismos y de sus familias está profundamente socavada. Es dentro de este concepto que identificamos a los desplazados por necesidad de Venezuela con el fin de establecer las implicaciones críticas de la concepción de la protección y cómo las regulaciones, políticas y servicios en los lugares de tránsito y de residencia abordan las circunstancias en las cuales se encuentran estas personas "desplazadas por necesidad" y cómo les permiten "reconstruir sus vidas sociales en relación con su entorno inmediato y hacer decisiones autónomas con respecto a su futuro". (Owen 2018: 31)

El concepto de *desplazados por necesidad* para caracterizar a las personas forzosamente desplazadas nos permite cuestionar los supuestos sociológicos y las categorías normativas que sustentan la actual gobernanza del asilo y la migración, y que son responsables del hecho de que muchos migrantes se encuentren en situaciones vulnerables y sin la protección internacional que necesitan y que exige su derecho a la dignidad. El concepto de *desplazados por necesidad* también sustenta los argumentos de este libro, que afirman la necesidad de formular una ética robusta acerca de los desplazados forzados en América Latina, que vaya más allá del actual régimen de refugiados, y que permita abarcar la naturaleza específica y las complejidades de los desplazamientos en las Américas. La urgencia de esta tarea se debe, entre otras cosas, al reconocimiento de que las prácticas actuales de asilo no son suficientes para ofrecer la protección necesaria a muchas mujeres y niñas venezolanas desplazadas que migran hacia Brasil y Colombia, o que se encuentran en tránsito en esos países. También se hace urgente al reconocer que las brechas existentes en la protección generan más vulnerabilidades entre las mujeres y niñas desplazadas afectando, en particular, sus necesidades y derechos en materia de salud. Esto se analizará en el Capítulo 4.

Las políticas de refugio

Existe una dimensión tanto sociológica como normativa en los debates relacionados con la figura del refugiado. Estas dimensiones se encuentran necesariamente vinculadas entre sí. En este capítulo, revisaremos brevemente el surgimiento y el desarrollo del régimen internacional de los refugiados para luego pasar a una discusión crítica de los debates que abordan los sistemas de protección.

Según la Convención sobre el Estatuto de los Refugiados de 1951 de las Naciones Unidas,[1] un refugiado es:

> [una persona que] debido a fundados temores de ser perseguida por motivos de raza, religión, nacionalidad [como perteneciente a un

"pueblo"], pertenencia a determinado grupo social u opiniones políticas, se encuentre fuera del país de su nacionalidad [como miembro de un Estado] y no pueda o, a causa de dichos temores, no quiera acogerse a la protección de tal país; o que, careciendo de nacionalidad y hallándose, a consecuencia de tales acontecimientos, fuera del país donde antes tuviera su residencia habitual, no pueda o, a causa de dichos temores, no quiera regresar a él.[2]

Aquellos que huyen de sus países de origen por las razones declaradas en este tratado tienen (en principio) el derecho a gozar de la protección internacional y de contar con la condición de refugiados. Sin embargo, la especificación de la categoría de refugiados identificada aquí es limitada. Es el resultado de un conjunto de preocupaciones europeas específicas posteriores a la Segunda Guerra Mundial y está sujeta en su origen a límites geográficos y temporales que reflejan una situación de post guerra (hasta su abolición por el Protocolo de 1967). El alcance limitado de la especificación de la categoría de refugiados ha suscitado un análisis crítico de la Convención sobre los Refugiados, en el cual se indica que dicha Convención representa una "agenda claramente colonial" y "excluyente" (Krause 2021).

Sin embargo, la eliminación de las barreras geográficas y de tiempo presentes en la Convención de 1951 sólo ha hecho que la atención se centre en la limitada interpretación de los criterios de la condición de refugiado y su relación con la experiencia europea de desplazamiento forzoso de mediados del siglo XX, en el contexto emergente de la Guerra Fría. El reconocimiento de que la especificación legal de los refugiados en la Convención de 1951 fue desarrollada para el contexto de posguerra en Europa, y que no se ajusta a las realidades de migración forzada en países en desarrollo, llevó a la Organización de la Unidad Africana (OUA) a desarrollar una convención regional sobre refugiados, conocida como la *Convención de la OUA de 1969 por la que regulan los Aspectos Específicos de Problemas de los Refugiados en África*. Esta convención se basaba en el reconocimiento de la recién universalizada Convención de 1951, pero ampliaba el alcance de la condición de refugiado para abarcar a aquellas personas que huían de la ruptura del orden público y la violencia generalizada generadas en el contexto africano poscolonial. El trabajo en estos marcos regionales siguió evolucionando, como en el caso de la *Declaración de Cartagena* de 1984, continuando el camino de expansión establecido por la OUA para abarcar a América Latina y, más recientemente, el intento por parte de la Unión Europea de desarrollar un *Sistema Europeo Común de Asilo* más restrictivo pero legalmente vinculante. Al mismo tiempo, el crecimiento del régimen internacional de derechos humanos, especialmente a partir de la década de 1970, ha respaldado importantes avances interpretativos. Entre estos avances se incluye el creciente reconocimiento de que esta definición de refugiado debe interpretarse de forma que abarque la persecución por parte de agentes no estatales en los casos en que los Estados no están dispuestos a proteger a los ciudadanos, así como el reconocimiento de que las amenazas o conductas equivalentes a la persecución pueden adoptar formas específicas de género (y otras identidades sociales específicas), al igual que la categoría de "pertenencia a un grupo social" (que abarca, por ejemplo, a las personas LGBTQIA+).[3] Estas evoluciones judiciales han ampliado el alcance práctico de la Convención, pero quizás el avance más significativo de la interacción entre el derecho en materia de derechos humanos y el régimen internacional sobre los refugiados ha sido el principio extendido de *non-refoulement* (es decir, *no devolución*), en el que la norma de no devolución establecida en la Convención se extiende a las personas que no cumplen los criterios para ser reconocidos como refugiadas, pero que tienen motivos basados en los derechos humanos para no ser devueltas a su Estado de origen. Esta "protección complementaria" "se concede generalmente cuando el tratamiento que se teme no alcanza el nivel de gravedad que tiene la concepción de 'persecución' o cuando exista el riesgo de persecución, pero esta persecución no está vinculada a ninguno de los criterios establecidos en la Convención sobre los Refugiados". (McAdam 2014: 204-5)

Estos avances pueden ser vistos como respuestas al problema normativo general que enfrenta la definición de la condición de refugiado, muy bien expresado por Shacknove (1985: 275):

> Una concepción demasiado limitada de "refugiado" contribuirá a la denegación de la protección internacional de un sin número de personas en circunstancias penosas cuya solicitud de asistencia es impecable. Irónicamente, para muchas personas al borde del desastre, la condición de refugiado es una posición privilegiada. A diferencia de otras personas necesitadas, el refugiado tiene derecho a muchas formas de ayuda internacional, incluido el socorro material, el asilo y el reasentamiento permanente. Por el contrario, una concepción excesivamente inclusiva también es moralmente sospechosa y, además, agotará financieramente los programas de ayuda e impedirá la credibilidad de la posición privilegiada del refugiado entre las poblaciones de acogida, cuyo apoyo es crucial para la viabilidad de los programas de asistencia internacional.

Sin embargo, aunque tanto la Convención de la OUA como la Declaración de Cartagena pueden considerarse como intentos para abordar este dilema en contextos regionales, y más importante aún desde la perspectiva del Sur, estos intentos también señalan la intersección de las dimensiones sociológicas y normativas de la protección del refugiado. Por un lado, al adaptar el criterio de condición de refugiado a sus contextos nacionales, se prefigura el punto destacado por Crawley y Skleparis (2018) de que una categorización de "migrante vs. refugiado" simplifica demasiado la experiencia de las personas en situación de desplazamiento y la compleja relación entre los impulsores políticos, sociales y económicos de la migración. Más aún, el uso de estas categorías puede acarrear consigo el tratamiento injusto de muchos migrantes, a la vez que ilustra el problema existente entre los responsables políticos de ignorar "las complejidades de la migración en la construcción de categorías políticas, mientras que aprovechan plenamente esta complejidad cuando conviene a sus intereses políticos" (2018: 58). Por otro lado, el problema general de favorecer determinados tipos de migración forzada o motivos de huida, por encima de otros, en lo que respecta al derecho a la protección internacional, no se puede evitar simplemente ampliando el rango de criterios sobre los cuales se pueda reclamar la condición de refugiado.

El debate sobre "quién es un refugiado" presenta otras tres dimensiones adicionales que son políticamente importantes para nuestras inquietudes. La primera surge del hecho de que, a pesar del desarrollo de los marcos regionales, la Convención de 1951 sigue siendo el instrumento internacional clave para la protección de los refugiados, con la consecuencia, como lo señala Behrman (2018: 45) de que "para la mayoría de las personas forzosamente desplazadas en todo el mundo, la ley sobre los refugiados es, en el mejor de los casos, irrelevante y, en el peor, un obstáculo para la protección". La ley sobre los refugiados es en el mejor de los casos irrelevante para la mayoría de aquellos que huyen porque no están amparados por sus disposiciones; en el peor, es un obstáculo porque un Estado puede utilizarla como una razón para prohibir la entrada y la protección a los que también huyen, pero que no están bajo sus criterios normativos. La segunda dimensión es que la Convención da libertad a los sistemas legales de los Estados para interpretar la definición de refugiado que quieran adoptar. El régimen internacional sobre los refugiados no otorgaba el derecho de asilo a las personas desplazadas, sino únicamente el derecho *a solicitar* asilo, y concedió a los Estados el "derecho" a interpretarlo, definiendo quién es (o no) un refugiado. Cabe señalar que los Estados han ejercido la libertad de interpretar los conceptos de la Convención en formas que han tenido como objetivo restringir cada vez más su alcance para satisfacer sus intereses políticos. Como lo señala Ní Ghráinne (2020: 142, 341) "los Estados interpretan cada vez más la Convención de 1951 para adaptarla a sus intereses de limitar su admisión de refugiados". La tercera dimensión es que el contraste entre la definición limitada de la Convención y el uso político más amplio del término "refugiado" por parte del ACNUR ha generado una indeterminación general en el discurso político público. Esta indeterminación oscila entre una concepción jurídico-política (limitada) y una concepción humanitaria (amplia) que está abierta a la explotación política y se moviliza, por ejemplo, en distinciones retóricas, como la que existe entre solicitantes de asilo "genuinos" y "falsos", o entre refugiados "merecedores" y "saltadores de colas". Esto limita la expansión de los marcos jurídicos internacionales sobre refugiados, criminaliza las vías migratorias irregulares y restringe aún más el acceso a los derechos de las personas desplazadas forzosamente que están a la espera de que se determine legalmente su condición (como el caso de los solicitantes de asilo), o que no han sido reconocidas como refugiados en el sistema jurídico de un Estado.

Los esfuerzos por parte de los Estados de explotar la indeterminación del discurso público en torno a los refugiados para limitar sus responsabilidades de protección no han pasado sin ser cuestionados. Por ejemplo, en la década de 1990, los defensores de derechos de los refugiados y las propias personas desplazadas lucharon por el reconocimiento de la violencia de género como un tipo de persecución, amparada bajo el marco del concepto de refugiado de la Convención de 1951. Hoy en día, esto es, en general, indiscutible, especialmente después de la creación de las directrices del ACNUR relativas a la protección de las mujeres refugiadas (1991) y la persecución por motivos de género (2002). Este resultado es fruto de procesos de disputa legal y lucha política que continuaron al menos hasta finales de la década de 1990 (Arbel *et al*, 2014). De manera similar, una directriz del ACNUR sobre persecución relacionada con la sexualidad y la identidad de género se emitió únicamente en 2012. En términos generales, la ausencia de "sexualidad y género" como motivos de persecución en el concepto de la Convención de 1951 impidió durante décadas que muchas mujeres y personas LGBTQIA+ accedieran al derecho a la protección internacional como refugiadas (ACNUR 2013).

La ampliación de la concepción de la condición de refugiado en la Convención de 1951 en diferentes contextos regionales y la extensión del alcance de dicha concepción a través de luchas políticas mediadas judicialmente pueden, de hecho, explicar la protección de algunos migrantes forzados que, de otro modo, no se hubieran incorporado al ámbito de aplicación de la Convención. Sin embargo, como se señaló anteriormente, dichos avances no solucionan el problema de adaptación a la naturaleza dinámica de la migración forzada y son responsables de dejar a muchos individuos fuera de los marcos de protección existentes. En las décadas de 1990 y 2000, los grupos feministas y LGBTQIA+ lucharon por el reconocimiento de la violencia con base en el género y la sexualidad como motivo para obtener la condición de refugiado, lo cual fue finalmente incorporado en la interpretación más amplia de la Convención sobre los Refugiados. En la actualidad, los debates incluyen el desplazamiento climático, los refugiados por motivos de supervivencia o por carencia de alimentos, entre otros. Consideremos por un momento las disposiciones establecidas en la Declaración de Cartagena, que declara que:

> [La] definición o concepto de refugiado recomendable para su utilización en la región es aquella que además de contener los elementos de la Convención de 1951 y el Protocolo de 1967, considere también como refugiados a las personas que han huido de sus países porque su vida, seguridad o libertad han sido amenazadas por la violencia generalizada, la agresión extranjera, los conflictos internos, la violación masiva de los derechos humanos u otras circunstancias que hayan perturbado gravemente el orden público.

Pensemos en este momento en la situación en que se encuentran las mujeres embarazadas frente al colapso de una atención de maternidad adecuada en el servicio de salud venezolano. En 2019, la cirujana Luisangela Correa del hospital Concepción Palacios de Caracas (el principal hospital de maternidad) señaló: "los bancos de sangre y los botiquines están vacíos, con regularidad cortan la electricidad y el agua, y las mujeres y niñas están muriendo innecesariamente". Observó que "las tasas de infección en el hospital de maternidad son altas porque los limpiadores no tienen desinfectantes para eliminar las bacterias y no hay esterilizadores para que los médicos puedan desinfectar sus equipos". Asimismo añadió: "en la actualidad, la maternidad es un riesgo para las mujeres venezolanas, así como para sus bebés ... muchas dan a luz en sus hogares, en la calle .... Y no hay bancos de sangre disponibles. Cualquier complicación por una hemorragia intensa representa un gran riesgo de muerte para una paciente" (véase, Moloney 2019). En un editorial de 2018, la revista *Lancet* señaló que:

> El último informe oficial del Ministerio de Salud de Venezuela fue publicado en 2016 (*Boletín Epidemiológico*), y la entonces Ministra de Salud, Antonieta Corporale fue recompensada con su destitución inmediata por Nicolás Maduro, quien ha dirigido el país desde 2013 (Venezuela ha tenido 17 ministros de salud diferentes en los últimos 20 años). Los resultados de este informe se destacaron en un informe publicado en *The Lancet World Report* en agosto de 2017, en el cual se señaló la situación insostenible de Venezuela. El informe del Gobierno reveló un aumento del 65 por ciento en la mortalidad materna y de un 30 por ciento en la mortalidad infantil, con 11 466 bebés muertos durante 2016.

No es sorprendente que bajo estas condiciones, desde 2016, las mujeres venezolanas embarazadas hayan optado por cruzar las fronteras:

> "Mi bebé habría muerto si yo me hubiera quedado. No había alimentos ni medicinas, ni tampoco médicos", dijo María Teresa López mientras alimentaba a su hija Fabiola, nacida el lunes por la noche por cesárea en el hospital de maternidad de Boa Vista, la capital del estado fronterizo de Roraima, en Brasil (véase, Doce 2018).

María Teresa no es la única en hacer este juicio: "[l]os nacimientos de bebés venezolanos en el hospital de maternidad de Boa Vista aumentaron a 566 en el último año y a 571 en los primeros seis meses de 2018, mientras que cuando el flujo de mujeres venezolanas refugiadas empezó en 2016 se presentaron 288 nacimientos, declaró el departamento de salud de Roraima" (véase, Doce 2018).

¿El hecho de estar embarazada y cruzar una frontera a, por ejemplo, Colombia, es criterio suficiente para ser reconocida refugiada en base a la Declaración de Cartagena? Evidentemente, eso no está claro. Más bien, para poder plantear tal caso se necesitaría una interpretación significativa y creativa de las cláusulas de "violación masiva de derechos humanos" o de "otras circunstancias que hayan perturbado gravemente el orden público". ¿Cuentan estas mujeres con razones imperiosas y justificables para huir a otro Estado donde exista un sistema de salud materna que funcione? Sin duda alguna. La cuestión que se identifica aquí con respecto a la figura del refugiado, especificada en términos de las razones particulares para la huida, se refiere, por lo tanto, al establecimiento de una distinción categórica entre refugiados y migrantes. Esta asigna a algunos migrantes forzados la primera categoría, refugiados, respecto de la cual la comunidad internacional tiene claras obligaciones de protección y a otros la categoría de migrantes en la cual no existe una responsabilidad inmediata. El problema de la distinción entre refugiado y migrante no es que no se tengan razones para distinguir entre las personas que requieren protección internacional y aquellas para quienes dicha protección no es necesaria, sino que no se supervisa esa distinción y la incapacidad para hacerlo permite una política perjudicial para las personas a las que se deniega erróneamente la protección internacional. El desplazamiento de las mujeres venezolanas es un ejemplo de esto y resalta la necesidad imperiosa de una nueva comprensión de la migración forzada desde una perspectiva de género.

La distinción entre migrante y refugiado y las jerarquías de derechos

Se debe recordar aquí las declaraciones de Shacknove (1985) al señalar el problema de la normativa general al que se enfrenta la especificación de la condición de refugiado: "Irónicamente, para muchas personas al borde del desastre, la condición de refugiado es una situación de privilegio". Esto resalta el hecho de que la distinción legal entre refugiados y migrantes puede tener unas implicaciones significativas para poder acceder el sistema de protección internacional. De hecho, Hamlin (2021) declara que se "establece una clara distinción entre aquellos a los que se debe una obligación y aquellos que son menos merecedores de una respuesta internacional", mientras que Awad y Natarajan (2018) sostienen que "crea de manera arbitraria jerarquías de sufrimiento como medio para legitimar la protección internacional en ciertas áreas y abdicar la responsabilidad en otras". En consecuencia, muchas de aquellas personas que se han caído en las grietas categóricas de la condición de refugiados, a pesar de tener una necesidad de protección, pueden recibir un tratamiento subhumano durante el desplazamiento. Por lo tanto, una razón clave de la importancia del debate en torno al concepto de "refugiado" es que, a pesar de todos los problemas a los que se enfrentan las personas que solicitan asilo y de los obstáculos que los Estados interponen para que puedan reclamar con éxito la condición de refugiado, su figura denota un estatus excepcional en el que los Estados están obligados, en virtud de la estricta norma de no devolución, a no devolver a los refugiados a ningún otro Estado en el que corran el riesgo de ser perseguidos o de sufrir otras violaciones de derechos humanos. En consecuencia, la figura de refugiado es un privilegio legal, ya que representa una excepción a la regla de soberanía, según la cual los Estados tienen el derecho de controlar el cruce de sus fronteras. A su vez, esto determina el trato que reciben los que cruzan la frontera (Hamlin 2021), ya sea en virtud de la norma excepcional o de la soberana. Esto es especialmente importante para las tensiones entre los derechos humanos abstractos y las experiencias que los migrantes viven con respecto a sus derechos humanos, ya que, en la práctica, "los tribunales han interpretado a menudo los generosos principios de derechos humanos de un modo que ha servido para excluir a muchos migrantes de una protección plena" (Dembour y Kelly 2012: 3). Si bien todas las personas migrantes deberían tener acceso a los derechos humanos, en la práctica, las cuestiones relativas a su aplicación, la responsabilización de aquellos que deben respetarles y aplicarles, y su materialización casi siempre dependen de la condición sociojurídica de las personas migrantes.

Es importante anotar al considerar la Convención de 1951 sobre el Estatuto de los Refugiados, que esta marca el carácter distintivo de la persona refugiada no sólo en términos de una reivindicación legítima a la protección de un Estado que no es el suyo (expresada jurídicamente en la norma de no devolución), sino también situando la figura del refugiado como sujeto de derechos entre el ciudadano y el no ciudadano residente. De esta manera, atribuye a los refugiados algunos derechos en pie de igualdad con los ciudadanos y otros en condiciones por lo menos tan favorables como las de aquellos residentes más privilegiados que no son ciudadanos. La idea de esta disposición que cubre el empleo, la vivienda, la seguridad social, la educación y la salud era la de garantizar la autonomía social de los refugiados y permitir su integración en la sociedad anfitriona. Además, la Convención de 1951 asigna al Estado de asilo el deber de asegurar que la persona refugiada cuente con el soporte diplomático necesario cuando haga viajes internacionales y protección cuando se encuentre en el extranjero, ayuda que normalmente sería aportada por el Estado de origen del refugiado. En este contexto legal, no es sorprendente que la figura del refugiado aparezca como privilegiada frente a otras personas migrantes forzadas: en principio no pueden ser devueltas a las situaciones de peligro y disfrutan de una amplia gama de derechos. Y aunque este privilegio puede revelarse con mayor crudeza al yuxtaponer a los refugiados especificados en la Convención con aquellos que no huyen debido a una persecución individual la distinción entre refugiado y migrante también privilegia la figura del refugiado en el derecho regional y en el derecho internacional de los refugiados, al suprimir la importancia ética de algunas formas de desplazamiento no voluntario.

No obstante, la distinción entre refugiado y migrante no solo construye una jerarquía legal de derechos o acceso a la protección internacional, sino que también es fundamental para una serie de dinámicas políticas que configuran el ámbito de la protección de los migrantes forzados (o la falta de protección).

La primera de esas dinámicas surge en el contexto de una característica general y duradera del régimen internacional de refugiados, a saber, que "la protección, la asistencia y las soluciones duraderas se proporcionan a los refugiados a niveles que están muy por debajo de sus necesidades, y la responsabilidad se asigna en función de la proximidad" y "a pesar de que este estado de cosas ha persistido durante décadas, no se han creado mecanismos institucionales adecuados, ya sean jurídicos, políticos u operativos, para garantizar un reparto de responsabilidades más equitativo y predecible" (Betts *et al*

2017: 16). Esto se debe al carácter de protección del refugiado como un bien público mundial y actualmente se expresa como una situación en la que el 85 por ciento de los refugiados en todo el mundo son acogidos en Estados de regiones en desarrollo que están cerca de los Estados que 'producen' refugiados, ya que debido a "sus fronteras generalmente porosas y sus fuertes obligaciones normativas para ofrecer asilo", estos Estados "enfrentan muy pocas alternativas diferentes a las de abrir sus fronteras a los refugiados". Sin embargo, "aquellos Estados más ricos que se encuentran a una mayor distancia enfrentan solo un deber discrecional de contribuir a través de la responsabilidad compartida, suponiendo que sus barreras de acceso funcionen y puedan evitar que los refugiados lleguen espontáneamente" (Betts et al 2017: 30). No obstante, estos últimos no cuentan con los incentivos necesarios para ser parte de una responsabilidad compartida justa. Cabe destacar que, a medida que se ha ampliado el alcance de la condición de refugiado, también lo han hecho los esfuerzos de los Estados no vecinos por crear "barreras de acceso", para así impedir la llegada a su territorio de refugiados mediante el uso de prácticas de no entrada (Fitzgerald 2019) y otras medidas diseñadas para obstruir su paso seguro. Esta evolución política ha sido posible gracias a la movilización de la distinción entre refugiados "genuinos" y refugiados "falsos", la cual se basa en la distinción previa entre refugiados y migrantes, y en la forma en que ignora las reivindicaciones morales de los migrantes forzados que no son clasificados dentro de la especificación de refugiado. Más recientemente, ha sido apoyada por la construcción política de una distinción entre refugiados "genuinos" o "merecedores" que esperan pacientemente un proceso imaginario de reasentamiento[4] (a pesar de que sólo hay espacios anuales de reasentamiento para aproximadamente el 1 por ciento de los refugiados) y los refugiados que participan en la "migración secundaria" (es decir, los que pasan del Estado de primer refugio a otro) que pueden entonces ser tratados como "migrantes" que abusan del sistema de refugiados. La distinción entre refugiado y migrante sirve así para facilitar la adopción de medidas ideológicas destinadas a limitar el acceso a la protección internacional de los refugiados, así como de los migrantes forzados en general.

Este contexto mundial ha dado lugar a un segundo problema, a saber, la protección de los derechos de los refugiados en los Estados de acogida. Como afirman Aleinikoff y Owen (2022:11):

> Los Estados y las organizaciones internacionales han dudado en insistir que los países de asilo respeten los compromisos en materia de derechos humanos (o en condicionar la ayuda al respeto de tales derechos) por la sencilla razón de que los Estados de acogida, si sienten una presión excesiva por parte de los países de otros lugares del mundo, no cuentan con el poder para devolver a los refugiados y cerrar sus fronteras a otros que lleguen o para incentivar el movimiento de refugiados. Por lo tanto, se ha presentado un pacto profano en el corazón mismo del régimen internacional de refugiados: los Estados del Sur Global reciben los refugiados siempre y cuando los Estados del Norte Global proporcionen

el apoyo financiero, aunque sea inadecuado, y no pongan presión en materia de derechos humanos. No se trata de condenar a los Estados de acogida. La mayoría intenta sacar lo mejor de una mala situación: cómo respetar las obligaciones internacionales de dejar sus fronteras abiertas a quienes huyen del peligro en un mundo en el que otros desatienden su responsabilidad de compartir la carga.

Esto no quiere decir que la distinción entre migrante y refugiado no tenga importancia en los contextos del Sur Global, sino que la forma en que importa puede variar a lo largo de los diferentes Estados en términos de sus historias específicas y cómo están situados en relación con los flujos a gran escala de migrantes forzados.

Esto, a su vez, señala una tercera característica: en la práctica, la distinción aparentemente categórica entre migrantes y refugiados puede llevarse a una pluralidad de status de protección intermedios, como, por ejemplo, la "protección temporal" y el "permiso de residencia por motivos humanitarios". Estos pueden representar tanto una reticencia a conceder el estatuto de refugiado de la Convención como el reconocimiento de que existen motivos para ofrecer (cierto grado de) protección que no entran en el ámbito de aplicación de la especificación de la condición de refugiado de la Convención. Podría decirse que esta característica respalda, y complica aún más, las decisiones de los Estados de utilizar o no el marco jurídico de la condición de refugiado para hacer frente a importantes desplazamientos, en los que la construcción política de esta opción como respuesta legítima está especialmente respaldada en contextos en los que las causas del desplazamiento pueden presentarse como ajenas a los motivos habituales de las solicitudes de refugio.

Todas estas dinámicas políticas son importantes en el contexto regional de América Latina, ya que la migración forzada intrarregional se presenta típicamente en gran escala (por ejemplo, los casos de los haitianos en Brasil y Chile, los colombianos en Ecuador y los venezolanos en Brasil, Perú y Colombia, entre otros). Puede presentarse por una gran variedad de razones (como razones ambientales, conflictos, violencia generalizada, pobreza y persecución política). La Declaración de Cartagena de 1984 fue un hito en la región, ya que reconoció la necesidad de ampliar el alcance de la condición de refugiado para aumentar las posibilidades de que estas personas que cruzan la frontera obtengan protección. Sin embargo, a pesar de su importancia conceptual y simbólica, rara vez se ha aplicado en la práctica:

> La definición regional de refugiado en la Declaración de Cartagena estaba destinada a proporcionar un punto de referencia conciso para ampliar la protección y responder rápidamente a la creciente situación de los refugiados que no cumplían con la definición de la Convención de 1951. Casi treinta años después, el fracaso de muchos Estados latinoamericanos a la hora de defender la definición regional de refugiado, de tomar medidas concretas para hacerla operativa y de aplicar fielmente su contenido tiene implicaciones que van mucho más

allá del revestimiento lateral de la definición regional de refugiado. Los funcionarios que tramitan las solicitudes de asilo no parecen saber cómo aplicar la definición regional de refugiado de forma coherente y consistente. Este elemento sigue siendo un importante reto regional para la protección de los refugiados en América Latina. Las cuestiones que están en juego son la pérdida de solidaridad hacia las personas que huyen de la violencia generalizada o el conflicto en la región y el ensombrecimiento del régimen de protección de refugiados por el creciente enfoque en la seguridad. (Reed-Hurtado 2013: 32)

La mayoría de los flujos migratorios intrarregionales en América Latina han sido caracterizados por "factores estructurales" pertenecientes a "diferentes niveles de desarrollo económico y social" (CEPAL 2000: 22). Es así como la Declaración de Cartagena fue por lo tanto una adición muy bien acogida al cuerpo de leyes de asilo de la región. La decisión de los Estados de no aplicarla en la práctica pone de manifiesto un primer problema.

Así, por ejemplo, en el caso de los que huyen de Venezuela, a pesar del deseo de muchos venezolanos de establecerse en Colombia y de la incorporación de la Declaración de Cartagena a la legislación colombiana, únicamente se ha reconocido como refugiados a unos 100 venezolanos de un total de 10 000 solicitantes de asilo, habiendo alrededor de 1.7 millones de migrantes venezolanos en el país (ACNUR 2019).[5] Esto no sólo demuestra la elección política de no aplicar las disposiciones de la Declaración de Cartagena, sino que también pone de relieve las consecuencias normativas de esta elección para las personas desplazadas. Desde el inicio del desplazamiento venezolano, el enfoque de Colombia ha sido proporcionar un estatus migratorio temporal a los venezolanos que llegaron dentro de un período de tiempo determinado, pero dejar a los que llegaron después de este tiempo con un estatus irregular. En 2021, según la OIM (2021), una proporción asombrosa de niños venezolanos en Colombia contaba con un estatuto irregular y sólo el 15 por ciento de ellos tenía documentos que establecieran su condición de migrante regular. La mayoría de ellos cruzaba la frontera de forma irregular y vivía en la calle, careciendo de derechos básicos. De hecho, menos del 50 por ciento de los niños encuestados tenían acceso a la educación y la principal razón aducida para la ausencia de escolarización es la falta de documentos oficiales. La gestión migratoria *ad hoc* del movimiento de venezolanos por parte de Colombia ha funcionado para producir irregularidad y socavar el acceso a los derechos básicos de aquellos afectados negativamente.

Sin embargo, como se anotó anteriormente, existe además un segundo problema: incluso si la Declaración de Cartagena se hubiera aplicado de forma coherente al contexto venezolano, es poco probable que todos aquellos que tuvieran razones imperiosas y justificables para huir hubieran sido captados por sus categorías. Por ejemplo, un gran número de venezolanos han emigrado a Brasil y Colombia desde 2016 sin contar, en ese momento, con ningún tipo de permiso especial que les permitiera permanecer en el país. De manera progresiva se establecieron una serie de permisos *ad hoc* en Brasil, basados en el Acuerdo de Residencia del Mercosur, mientras que Colombia introdujo el primer Permiso Especial de Permanencia (PEP) que permitía a algunos venezolanos, aquellos que habían entrado en el territorio nacional con un estatus migratorio regular y a través de un puesto de control fronterizo autorizado permanecer en el país en determinadas circunstancias. Los migrantes indocumentados o sin medios económicos para pagar estos permisos fueron llevados a la irregularidad o intentaban solicitar asilo. Estos marcos normativos serán analizados en el siguiente capítulo y las implicaciones con perspectiva de género de estos sistemas se estudiarán en el Capítulo 4. Es suficiente decir en este punto, que la forma de la ampliación de la categoría de la condición de refugiado expuesta en la Declaración de Cartagena reitera el problema general de una definición basada en la especificación de motivos particulares de huida. Por lo tanto, reproduce inevitablemente y legitima políticamente la distinción entre refugiado y migrante, y su consiguiente producción de una jerarquía de protección para los migrantes forzados (en la que algunos son identificados como refugiados y otros no) y, en consecuencia, un recurso político para evitar, minimizar o desviar las responsabilidades de quienes necesitan protección internacional.

Conclusión

A nivel conceptual y ético, es necesario descentrar la figura del refugiado tal y como es especificada los motivos particulares del desplazamiento. Se debe hacer un cambio hacia una articulación general de los desplazados forzados que necesitan protección internacional. En este capítulo se discute que la reciente introducción de Aleinikoff y Zamore de la categoría del "desplazado por necesidad", es decir, alguien que cuenta con razones imperiosas para emprender un desplazamiento transfronterizo con el fin de garantizar sus derechos humanos básicos, ofrece una articulación conceptualmente apropiada y éticamente justificable. Existen dos razones para proponer este marco, que se explicarán en detalle en el Capítulo 5, especialmente al analizar el contexto latinoamericano.

En primer lugar, lo que se presenta en la Convención de 1951 y las convenciones regionales más amplias como motivos justificativos (como el "temor razonable de persecución") que fijan el alcance de la condición de refugiado se resitúan en el marco del "desplazado por necesidad" como ejemplos de motivos imperiosos y justificables para huir, que no limitan el alcance potencial de la categoría de personas con derecho a protección internacional.[6] El valor de este cambio conceptual es que nos lleva más allá de la distinción entre refugiado y migrante, y su funcionamiento como justificación política para distinguir entre aquellos con razones apremiantes y justificables para cruzar la frontera, en términos de quién tiene un derechos automático de protección y quién no lo tiene. Como tal, la categoría de "desplazado por necesidad" desactiva de manera conceptual la movilización política y la explotación de la distinción entre refugiado y migrante con fines ideológicos.

La segunda razón surge de la reflexión de la posible objeción de que este cambio hacia la categoría de "desplazado por necesidad" simplemente instituye una división categórica alternativa, la de migrantes "forzados" *versus* migrantes "voluntarios". En cierto sentido, esto es correcto ya que la categoría de "desplazado por necesidad" distingue a aquellos que tienen razones apremiantes de moverse forzosamente, basadas en la preocupación de la protección de sus derechos básicos, de aquellos que no tienen esas razones de necesidad práctica. Sin embargo, es importante señalar dos puntos acerca de esta forma de hacer la distinción. El primero es que evita vincular esta distinción a los análisis filosóficos o jurídicos y a los debates sobre los conceptos de "coacción" o "voluntariedad" y, en su lugar, plantea una pregunta práctica: "¿tiene esta persona razones apremiantes para buscar la protección internacional de sus derechos fundamentales mediante el cruce de fronteras?" El segundo punto es que la cuestión práctica que debe abordarse se refiere a "esta persona" en lugar de adoptar una forma más general como "¿tiene cualquier 'persona media' que se enfrente a este tipo de situación una razón apremiante para buscar la protección internacional de sus derechos básicos realizando un movimiento transfronterizo?". La razón por la que es importante centrarse en el primer punto de vista personal es que la forma más general abstrae de la subjetividad concreta de la persona afectada, por ejemplo, su identidad de género, y el contexto específico de su toma de decisiones. Por el contrario, la cuestión planteada por el marco de "desplazado por necesidad" está ligada de manera intrínseca a la subjetividad incorporada e integrada del individuo para quién surge la cuestión del desplazamiento forzado. Por lo tanto, para retomar el ejemplo con el que se concluyó el Capítulo 1, la cuestión de si una mujer embarazada en Venezuela tenga razones imperiosas para huir es una cuestión que surge para ellas como mujeres embarazadas en un contexto socio político particular. Esto, por supuesto, no descarta que los individuos particulares que caen bajo esta descripción puedan tener otras razones imperiosas para huir basadas en otras dimensiones de su subjetividad. En conjunto, estas dos características del marco de "desplazado por necesidad", es decir, su combinación de generalidad, al no vincular la protección internacional a motivos específicos del desplazamiento forzado, y de singularidad, al abordar la cuestión del desplazamiento forzado desde la perspectiva personal del agente que se enfrenta a esta cuestión, sirven para superar los problemas conceptuales y éticos que plantea el binario migrante y refugiado y para desactivar sus usos políticos. Proporciona así un marco crítico desde el cual se puede reflexionar sobre la gobernanza del refugio en general y la gobernanza del refugio para las personas venezolanas en América del Sur en particular, como se verá en el próximo capítulo.

CAPÍTULO TRES
Marcos normativos de migración y asilo en América Latina

Los marcos normativos latinoamericanos relacionados con la migración y refugio son en general reconocidos como "progresistas", "abiertos" y "basados en los derechos humanos" (Brumat y Freier 2020; Brumat y Finn 2021; Zapata y Wenderoth 2021; Hammoud-Gallego y Freier 2022). Expertos y comentaristas han elogiado a América Latina por impulsar políticas de asilo y refugiados continuas y "generosas" desde la ratificación de la Convención de 1951 y su Protocolo de 1967 sobre los derechos de los refugiados. Este reconocimiento se debe en general a una interpretación progresista, y de hecho autóctona, de lo que significa ser un refugiado en América Latina. En efecto, por medio del marco regional sustentado por la Declaración de Cartagena de 1984, la región ha adoptado oficialmente una definición más amplia de refugiado, que va más allá del régimen internacional de refugiados (Cantor *et al* 2015:3). Como se analizó en el Capítulo 2, América Latina ha reinventado los límites de lo que significa ser un refugiado en el contexto regional, un proceso que Cantor llama "localización" de la norma internacional sobre refugiados para promover la cooperación humanitaria y regional. Es interesante observar que esta expansión fue inspirada en el desplazamiento masivo en América Central como consecuencia de las guerras civiles de la década de los 1980, cuando la Guerra Fría impactó América Latina (Cantor 2013). De hecho, esto fue escrito dentro de la Declaración misma: "en vista de la experiencia recogida con motivo de la afluencia masiva de refugiados en el área centroamericana, se hace necesario encarar la extensión del concepto de refugiado".[1] En efecto, los Estados firmantes estuvieron de acuerdo al afirmar que el sistema internacional de refugiados existente no ofrece una respuesta jurídica apropiada a algunos grupos de personas forzosamente desplazadas en las Américas, haciendo necesario desarrollar un concepto más apropiado a las características de la región.

Notablemente, la definición más amplia de la condición de refugiado ofrecida por la Declaración de Cartagena incluye no solo a aquellos que han sido perseguidos de manera individual, sino a aquellos cuya vida o libertad está amenazada por una serie de diferentes circunstancias. Por lo tanto, no exige un elemento "subjetivo": el temor subjetivo a una amenaza. Una situación objetiva, traducida en un acontecimiento fáctico, como, por ejemplo, un conflicto armado, era suficiente para justificar la protección internacional bajo los auspicios del derecho regional de refugiados.

De hecho, es importante señalar que en las Américas existe una larga trayectoria histórica de protección para las personas desplazadas que se remonta a los orígenes de la Declaración Americana de los Derechos y Deberes del Hombre de 1948, el primer instrumento internacional que incluye el derecho individual a solicitar y recibir asilo. Esta Declaración más tarde influenció el artículo 14 de la Declaración Universal de Derechos Humanos, una iniciativa de países latinoamericanos que también reconoce el mismo derecho. Este desarrollo inspiró la Convención Americana sobre Derechos Humanos, la cual declara en su artículo 22(7) que "Toda persona tiene el derecho de buscar y recibir asilo en territorio extranjero, en caso de persecución por delitos políticos o comunes conexos con los políticos y de acuerdo con la legislación de cada Estado y los convenios internacionales".

En el contexto de América Latina, los compromisos legales relacionados con los derechos humanos fueron desarrollados en base a los estándares internacionales y regionales. García (2019) resalta el papel del Sistema Interamericano de Derechos Humanos (SIDH) y de los procesos de integración regional al establecer la jurisprudencia en relación a las condiciones que aseguren la defensa adecuada de los derechos, así como los procesos sancionatorios, en general y también con respecto a los migrantes, solicitantes de asilo y refugiados en particular. Además existen acuerdos sobre el reconocimiento de la condición de vulnerabilidad de las personas migrantes (CIDH 2003, párr. 112; 2010, párr. 98; 2012, párr. 152) que "se produce por el solo hecho de cruzar una frontera hacia un Estado del cual la persona no es nacional y su condición se ve agravada o intersectada por otras variables" (García 2019: 124; véase, además, Corte IDH 2020). En este contexto, el SIDH garantiza el derecho a permanecer y no ser rechazado en la frontera, el derecho a la *no devolución* o expulsión a un país en donde la vida de un individuo se encuentre en peligro (CIDH 2015).

Estos principios fueron adoptados en el Consenso de Montevideo sobre Población y Desarrollo, aprobado en 2013, y un año después en la Declaración y Plan de Acción de Brasil, en donde los países latinoamericanos participantes reconocieron:

> los desarrollos de la jurisprudencia y la doctrina de la Corte Interamericana de Derechos Humanos, en los países en que se aplican, respecto del contenido y alcance del derecho a solicitar y recibir asilo incluido en los instrumentos regionales de derechos humanos, su vinculación con los instrumentos internacionales sobre refugiados, el carácter *ius cogens* del principio de no devolución, incluyendo el no rechazo en frontera y la devolución indirecta, y la integración de las normas de debido proceso en los procedimientos de determinación de la condición de refugiado para que estos sean justos y eficientes. (Declaración de Brasil 2014: 2)

El Plan de Acción de Brasil de 2014 también se comprometió a respetar el principio de erradicación de la apatridia en la región y a mejorar la cooperación en materia migratoria y de refugio, incluyendo la "integración social", como vivienda, educación y salud, y la protección específica de grupos "vulnerables", como por ejemplo niños, niñas y sobrevivientes de violencia sexual y de género. De esta forma el Plan demuestra una visión holística de los retos y las experiencias de las personas desplazadas en la región. Como resultado de estos desarrollos y objetivos se creó la Red Regional de Espacios Seguros de las Américas (RRES) con el fin de "facilitar la divulgación de incidentes de VSG, protección de la niñez, y otros incidentes serios de protección; y garantizar el acceso de las personas en riesgo y sobrevivientes a un abordaje de casos estandarizado y servicios multisectoriales a lo largo del ciclo de desplazamiento en los países de la región" (ACNUR 2018b: 89). Entre los miembros de la Red se encuentran diferentes instituciones nacionales, agencias de la ONU y otras agencias internacionales, organizaciones de la sociedad civil y redes comunitarias que trabajan en cinco países de las Américas: México, Guatemala, Costa Rica, Venezuela y Colombia.

Parte del deber colectivo de garantizar los derechos humanos consiste en la creación y el sostenimiento de las condiciones materiales y prácticas de respeto, protección y cumplimiento de esos derechos humanos. Esto es lo que encontramos articulado no sólo en los tratados de derechos humanos, sino también en los ODS como una especificación clave de los requisitos para que los Estados puedan proteger y cumplir los derechos humanos de las personas bajo su jurisdicción.

Los objetivos de la Agenda 2030 para el Desarrollo Sostenible de las Naciones Unidas, adoptada en 2015, dieron un nuevo impulso a este respecto. Podría decirse que solo una de las 169 metas (Meta 10.7) de los 17 ODS aborda directamente la migración, invitando a los Estados a: "[f]acilitar la migración y la movilidad ordenadas, seguras, regulares y responsables de las personas, entre otras cosas mediante la aplicación de políticas migratorias planificadas y bien gestionadas". Otras metas hacen conexiones con temas migratorios, como la migración forzada (Metas 8.7 y 8.8), la movilidad internacional de estudiantes (Meta 4.b), la trata de personas (Metas 5.2, 8.7 y 16.2), las remesas (Meta 10.c), los datos sobre migración (Meta 17.18) y otros más. Pero estos desarrollos fueron retomados en el Plan de Desarrollo Integral de Mesoamérica, que busca hacer de la migración una opción segura y abordar sus causas profundas en México y el Triángulo Norte de Centroamérica (Ventura *et al* 2021).

Los principios interamericanos sobre los derechos humanos de todas las personas migrantes, refugiadas, apátridas y víctimas de la trata de personas también incorporan estos avances.[2] Centrémonos particularmente en el principio 35 relacionado con los derechos a la salud, la prestación de servicios de salud, incluida la salud sexual y reproductiva, el cual señala que estos derechos no deben depender de la condición de migrante:

> Cada migrante tiene derecho al disfrute del más alto nivel posible de salud física y mental y a los factores determinantes básicos de la salud; no se puede negar la atención médica debido a la situación migratoria de una persona. Los servicios de salud no pueden negarse por la ausencia de documentos de identidad. Toda persona, independientemente de su

condición migratoria u origen, tiene derecho a recibir la misma atención en materia de salud que los nacionales, incluidos los servicios de salud sexual y reproductiva y la salud mental. Los Estados deben tener en cuenta la atención diferenciada que requieren algunos grupos, como las mujeres, los niños y las niñas y las personas adolescentes.

El compromiso con iniciativas internacionales para promover y desarrollar los derechos, la recepción y el bienestar de los refugiados y los migrantes ha tenido una buena acogida en el caso del Pacto Mundial sobre los Refugiados (PMR) y el Pacto Mundial para una Migración Segura, Ordenada y Regular (PMM), que contaron con la participación masiva de los países latinoamericanos. Por ejemplo, en el Pacto Mundial sobre los Refugiados, casi todos los países de América Latina y el Caribe (con la notable exclusión de Cuba) asumieron amplios compromisos derivados del pacto. El Gobierno de Brasil asumió 11 compromisos diferentes, la mayoría de los cuales tenían que ver con la migración de venezolanos, mientras que los compromisos de Colombia se referían principalmente a la lucha contra la apatridia, especialmente en relación con los niños y las niñas nacidos en el país cuyos padres son ambos venezolanos. México asumió 24 compromisos resaltando su objetivo de garantizar la salud universal gratuita para los migrantes en tránsito y residentes permanentes en el país, y Perú se comprometió a garantizar el acceso a los derechos de solicitantes de asilo en el país de manera efectiva y equitativa. Sin embargo, los gobiernos latinoamericanos se han comprometido poco, o no se han comprometido, a adoptar políticas y leyes con enfoque de género en el tema de refugio.

Los tratados, directrices, principios, pactos, compromisos y declaraciones componen así la variedad mixta de elementos, obligatorios o no, que conforman el marco normativo para migrantes y refugiados en América Latina, y que sustentan la percepción mundial de su progresividad, especialmente en comparación con regiones con marcos más restrictivos (Mármora 2010; Acosta 2018). Brumat y Finn (2021) resaltan cómo las normas de libre residencia, igualdad de derechos, la mención explícita del "derecho a migrar" y la no criminalización de la migración aparecen en muchos de los marcos de América del Sur y respaldan el Acuerdo de Residencia del Mercosur (ARM), un acuerdo regional bajo el auspicio de Mercosur entre cuyos miembros se encuentran Brasil, Argentina, Paraguay y Uruguay, y los países asociados Chile, Colombia, Perú, Bolivia y Ecuador. Venezuela no firmó el ARM y su membresía del Mercosur se suspendió a finales de 2016, razón por la cual sus nacionales no pueden acceder la "residencia subregional". En gran medida, el régimen subregional, junto con los desarrollos nacionales, ha hecho irrelevantes el binario migración irregular-regular o refugiado-migrante y, si no *de jure*, la protección es *de facto* para todos los migrantes (Zapata y Prieto Rosas 2020). Por ejemplo, Brasil, Argentina, Chile Perú y Uruguay no hacen una distinción oficial entre refugiados y solicitantes de asilo, en cuanto al acceso al empleo formal y permisos de trabajo (Asylum Access 2018). En cuanto al derecho a la salud, la Constitución de Brasil y las leyes de Argentina determinan el acceso universal a los servicios de salud gratuitos, independientemente del estatus migratorio.

En efecto, a pesar de las diferencias cabe destacar la evolución hacia marcos más progresistas, liberales o basados en los derechos humanos para los migrantes y, específicamente, los migrantes forzados en la región y la subregión. Todo ello sugiere que América Latina y, en particular, América del Sur se encuentra en una posición que le permite responder a acontecimientos tales como el éxodo venezolano en formas que respeten los principios clave de protección destacados dentro del marco del desplazado por necesidad:

1. *Seguridad*: permitir a aquellos en situación de necesidad el acceso a un lugar seguro.
2. *Reconstrucción de vidas y comunidades*: el goce del asilo por la inclusión a través de los derechos y la libertad o, como diríamos, la oportunidad de vivir dignamente.
3. *Solución*: estar en una posición en la que se garantizan y protegen los derechos, incluido el goce de, o acceso a, un estatus migratorio regular.
4. *Movilidad*: tener el derecho a buscar protección, moverse dentro de los Estados de asilo y tener las oportunidades de viajar a otros Estados.
5. *Opinión*: tener derecho a opinar sobre cómo uno es gobernado en el régimen de protección internacional en contextos de desplazamiento forzado.

Sin embargo, como se verá más adelante, la experiencia vivida por los venezolanos desplazados por necesidad no muestra la aplicación de estos principios ni en la región ni en los Estados en que se encuentran. En lugar de un enfoque de protección basado en principios y derechos, encontramos una serie de medidas *ad hoc*, más o menos generosas, más o menos restrictivas, basadas en el uso de poderes ejecutivos discrecionales. En vez de un marco basado en reglas que guíen y coordinen las respuestas locales, nacionales, regionales e internacionales, la experiencia de los venezolanos desplazados por necesidad se asemeja, en la práctica, más a un sistema de "cuidado y mantenimiento" que es limitado y restringido. El análisis presentado en este capítulo mostrará la enorme brecha existente entre la promesa del marco jurídico de protección *de facto* para todos los migrantes forzados y la realidad práctica que enfrentan los desplazados por necesidad de Venezuela.

La brecha de protección y el retorno de la entre migrante y refugiado

Existen muchos avances en relación a las leyes sobre migración y refugio en la región. A pesar de esto, el retroceso de la fase de la "marea rosa" y el giro hacia gobiernos más restrictivos y de derecha, junto con el incremento de desplazamiento masivo de venezolanos, han planteado un verdadero reto a esos marcos normativos en la región. Como se analizó en el Capítulo 2, si bien la región ha adoptado la Declaración de Cartagena en leyes nacionales, ya sea plena o parcialmente, todavía es poco utilizada en la práctica. Esto fue identificado como uno de los principales problemas para el régimen de protección de la región en el informe de progreso trienal del Plan de Acción de Brasil de 2014 (ACNUR 2018b).

Las personas venezolanas, en particular, se han visto afectadas por este giro restrictivo y casi ningún país las reconoce como refugiadas en virtud de la Declaración de Cartagena, a pesar de que la ACNUR les ha instado a hacerlo. De hecho, en el Informe Global de 2020, la ACNUR introdujo una nueva categoría de "personas venezolanas desplazadas en el extranjero" para hacer referencia al desplazamiento forzado de venezolanos en América Latina. Según ACNUR, dicha clasificación se relaciona con "personas de origen venezolano que probablemente necesiten protección internacional bajo los criterios contenidos en la Declaración de Cartagena, pero que no han solicitado refugio en el país en el que se encuentran" (ACNUR 2022).[3] Como se señaló en el Capítulo 1, los desplazados venezolanos pueden clasificarse como refugiados, solicitantes de asilo o simplemente "desplazados en el extranjero", lo que pone de manifiesto su movimiento forzado, pero también demuestra la incertidumbre y fluidez de su estatuto oficial en toda la región y en el mundo entero. Esta "encrucijada de categorías" y su subsecuente incertidumbre generó criticismo por parte de la activista venezolana Ligia Bolívar (2020), quien declaró que "los venezolanos ahora no son refugiados, ni solicitantes de asilo, ni personas desplazadas, ni personas de interés, ni apátridas, ni retornados. Ni siquiera somos 'personas en situación similar a la de los refugiados'. Somos una nueva fauna llamada venezolanos desplazados en el extranjero".

El incumplimiento del uso de la Declaración de Cartagena en relación con las personas venezolanas se vió agravado por respuestas institucionales más restrictivas a este rápido aumento en la movilidad intrarregional. Aunque algunos expertos afirman que los venezolanos tenían "fronteras abiertas", aún de manera informal (Brumat y Freier 2020), esta afirmación se ve socavada por el hecho de que los venezolanos se han vistos forzados a cruzar fronteras irregularmente y sin documentos, enfrentando todos los riesgos y desafíos que conlleva ese tipo de desplazamiento. En efecto, las actitudes hacia la recepción de venezolanos en toda la región cambiaron rápidamente, en medio de crecientes niveles de xenofobia, cada vez más restricciones de entrada, militarización y cierre de fronteras, así como expulsiones masivas (Zapata y Prieto Rosas 2020). Sin el reconocimiento de la condición de refugiados para los venezolanos, algunos países como Perú y Chile crearon permisos legales *ad hoc* de regularización migratoria, por lo cual han sido mundialmente elogiado. Sin embargo, a medida que aumentaba el desplazamiento, empezaron a exigir visas y un umbral de documentación más estricto en los puntos fronterizos. Por ejemplo, en 2019 Perú exigió que los venezolanos tuvieran una visa "humanitaria" y un pasaporte (aunque fuera uno vencido) para ingresar al país. Los altos costos, los períodos de espera y las dificultades burocráticas disuadían a los venezolanos de migrar de forma regular y segura a Perú y lo hacían de forma irregular o se quedaban inmovilizados en Venezuela soportando los riesgos que implicaba permanecer en un país que atraviesa una crisis humanitaria. Incluso cuando los tribunales peruanos dictaminaron, en 2018, que era ilegal exigir un pasaporte para solicitar un Permiso Temporal de Permanencia (PTP), ya que esto restringiría esencialmente la libre circulación, el Gobierno peruano lideró una reacción contra esta sentencia y el entonces presidente Vizcarra anunció un límite de tiempo para ingresar al país para solicitarlas el PTP (Bauer 2021). Esto restringía aún más el acceso a los derechos, incrementaba los peligros y riesgos en el desplazamiento y aumenta la inseguridad jurídica de los venezolanos.

Del mismo modo, Chile creó las llamadas "visas de responsabilidad democrática", que se exigía a los venezolanos, quienes debían solicitar en consulados chilenos en el exterior. La exigencia de pasaportes (aunque estén vencidos), confirmación de no tener antecedentes penales y el pago de 30 dólares estadounidenses, significaba que muchos venezolanos, si no la mayoría, no podrían acceder al umbral de la visa, ya sea porque no podían pagar los costos o porque no tenían los documentos necesarios y no podían obtenerlos (Doña-Reveco 2022).

De manera similar, en 2018 y 2019 Ecuador emitió una serie de reformas que resultaron en el cierre de la frontera para muchos y restringieron la posibilidad de regularizar a los indocumentados. Los tribunales ecuatorianos bloquearon los esfuerzos de exigir pasaportes a los venezolanos para entrar al país. Estos intentos de introducir el requerimiento de pasaportes demostraron el objetivo de Ecuador de disminuir la migración venezolana. Tales medidas se incrementaron aún más con la implementación de decretos ejecutivos por medio de los cuales se exigía a los venezolanos demostrar que no tenían antecedentes penales, impidiendo así su entrada, tránsito y estadía regulares (Selee *et al* 2019; Bauer 2021), dada la dificultad para obteneresta documentación. Al igual que Chile y Perú, Ecuador también introdujo visas que ofrecían una permanencia temporal para los venezolanos, pero sus costos eran tan altos que la mayoría de los migrantes vulnerables y pobres no pudieron regularizar su estatus a través de esta medida.

En general, estos permisos y visas temporales fueron medidas excepcionales *ad hoc* bajo la apariencia de respuestas "humanitarias" progresivas, pero en última instancia evitan el reconocimiento de los desplazados venezolanos como refugiados como indica la Declaración de Cartagena. Además, la mayoría de estas medidas *ad hoc* fueron ordenadas por el Poder Ejecutivo que permitieron a los gobiernos moldear la toma de decisiones migratorias usando requisitos burocráticos que abrían o restringían la movilidad venezolana discrecionalmente, sin cambiar la política hacia mayores derechos de movilidad, entrada y regularización. Además, la variedad de los estatus migratorios, como "migrante temporal", "migrante permanente", con "permiso humanitario", "desplazado en el extranjero", "solicitante de asilo", "refugiado" o "migrante indocumentado", también se tradujo en canales de acceso diferente a derechos fundamentales de protección, a la cobertura de salud y a esquemas de protección social (Vera Espinoza *et al* 2021). Pierola y Rodríguez (2020: 5) sostienen que existe una gran desigualdad entre la afiliación a los sistemas de salud para las personas nacionales y las no nacionales en América Latina, como es el caso de Colombia en 2019, por ejemplo, con solo el 27 por ciento de los migrantes afiliados al sistema de salud colombiano, mientras que el 94 por ciento de los nacionales tenían acceso.

En la mayoría de los casos, los migrantes enfrentan barreras asociadas al estatus legal que afectan el acceso y uso de los servicios de salud, como, por ejemplo, la falta de información y/o documentación, el miedo de ser deportados, la discriminación, y las barreras idiomáticas y culturales (Obach *et al* 2020; Liberona y Mansilla 2017; Carreño-Calderón *et al* 2020; Zambrano-Barragán *et al* 2021; UNHCR 2021). Otras barreras legales y burocráticas se relacionan con la gobernanza de la salud y la implementación de políticas por parte de las autoridades locales (Bengochea *et al* 2020) o, como en Ecuador, la (im)posibilidad de pagar por los documentos de seguro de salud apropiados que permiten el acceso a la atención médica básica gratuita (Malo 2020).

En resumen, aunque América Latina y, en particular, América del Sur cuenta con marcos normativos "progresistas" o "liberales", especialmente si se comparan con los sistemas operativos más restrictivos en la mayoría del Norte Global y en gran parte de África, estos marcos en general no garantizan la protección ni los derechos de los desplazados por necesidad de una manera efectiva. En muchos casos, como ya se ha mencionado, la negativa a aplicar los marcos de refugio a los venezolanos reproduce los problemas de la distinción entre migrante y refugiado discutido en el Capítulo 2, demostrando los resultados negativos de permiso y visas temporales y flexibles *ad hoc*, que priorizan los intereses gubernamentales en lugar de los derechos de las personas desplazadas. En muchos casos, los diversos requisitos burocráticos de esas visas y permisos empujan a las mujeres a realizar viajes por vías irregulares y como consecuencia enfrentan mayores riesgos de salud e inseguridad, y otras violaciones de los derechos de los migrantes. A pesar de que los marcos legales de muchos países no exigen una condición migratoria regular para acceder a ciertos derechos básicos, como el derecho a la salud y a un trabajo seguro y estable. La realidad de las experiencias vividas por los migrantes y, en particular, aquellos indocumentados desafía las afirmaciones de que existe una protección de facto para *todos* los migrantes en América del Sur.

De hecho, más que dignidad en el desplazamiento, lo que se revela es una falta tanto de lo que Rosen denomina "respeto como observancia", como consencuencia de las barreras de acceso a derechos básicos, los cuales se vuelven dependientes del poder discrecional, como del "respeto como respetuosidad", ya que se anulan las voces de los desplazados, al tiempo que aumenta la xenofobia hacia ellos. Esto se observó particularmente durante la pandemia de COVID-19, cuando las fronteras de América del Sur, antes "abiertas", enfrentaron un cierre regional sin precedentes y se detuvo la migración regular, estigmatizando a los migrantes como portadores de la enfermedad. Esto tuvo un impacto en los movimientos de venezolanos en la región, ya sea huyendo o regresando a Venezuela o buscando salir del país donde residen de manera temporal a otro Estado en la región debido, por ejemplo, a políticas discriminatorias, y a su relativa incapacidad para disfrutar del acceso a los mercados laborales, a la vivienda y a la atención médica, los cuales fueron afectados de una manera aún más negativa por la pandemia (Bengochea et al 2020). Estos puntos se profundizan más a fondo en la siguiente sección a través de dos casos que se destacan particularmente: las respuestas nacionales al desplazamiento venezolano de Colombia y Brasil.

Marcos y respuestas locales

Brasil

La recepción de migrantes en Brasil era modesta hasta que los venezolanos empezaron a migrar hacia el país. Las personas migrantes eran en su mayoría intrarregionales que solicitaban residencia en virtud del Acuerdo sobre Residencia para Nacionales de los Estados Parte MERCOSUR (ARM). Antes de la llegada de migrantes venezolanos, en Brasil los migrantes forzados eran en su mayoría africanos subsaharianos y sirios, cuyo número no llegaba a la decena de miles, y haitianos, que presentaban el mayor número de entradas que el país haya presenciado hasta 2015 (se reportó que para era fecha, las cifras superaban 60 000 personas). Se observó un aumento del 307 por ciento en las solicitudes de asilo de venezolanos en 2016 en comparación con 2015, y para 2022, había más de 330 000 desplazados venezolanos en el país,[4] por lo que no es de extrañar que un patrón migratorio excepcional diera lugar a respuestas sin precedentes en Brasil.

La nueva ley de migración de Brasil, de noviembre de 2017, abandonó el marco del "Estatuto de Extranjería de 1980", que fue creado bajo el régimen militar, e introdujo en su lugar una nueva serie de principios que destacaban las políticas de migración sobre la base de los derechos humanos. La Ley de Migración de 2017 favorecía la no criminalización de la migración y la asistencia humanitaria, promovía la igualdad de acceso de los migrantes a los programas sociales, así como la regularización migratoria, y establecía normas claras para limitar los poderes de expulsión forzosa, incluido el rechazo de las deportaciones colectivas. Fue un logro legal sin precedentes y una respuesta política al creciente número de venezolanos que llegaban.

La estructura de inmigración y asilo de la ley brasileña ha reproducido un modelo binario que divide la gobernanza de la migración por categorías migratorias asignadas, es decir, solicitud de asilo y gestión de la migración "económica". El CONARE es responsable de la primera y el Consejo Nacional de Inmigración de Brasil, de la segunda. Tras una respuesta restrictiva inicial a la llegada de venezolanos en 2016, con múltiples relatos de deportaciones colectivas (G1 Roraima 2016) y, en particular, el rechazo local de los migrantes entrantes, el Consejo Nacional de Inmigración de Brasil decretó un permiso temporal *ad hoc* para los venezolanos. Así pues, aunque la mayoría de los venezolanos estaban solicitando asilo, la respuesta inicial de los dos órganos administradores responsables de la gobernanza de la inmigración y el asilo fue intentar detener los flujos de desplazados venezolanos y controlarlos y organizarlos en el marco de la "inmigración" y no del "asilo". Los venezolanos que solicitaron el permiso de residencia por dos años tuvieron que escoger entre dicho permiso y su solicitud de asilo, sin recibir una guía legal necesaria sobre las consecuencias de esta elección. Además, los estrictos requisitos para obtener la residencia, como la presentación de un pasaporte válido y otros documentos, hicieron que la residencia quedara limitada a una pequeña proporción de venezolanos, la mayoría de los cuales permanecieron únicamente como solicitantes de asilo. Teniendo en cuenta el contexto de su creación y los requisitos para abandonar las solicitudes de asilo, la concesión de la residencia parecía un intento deliberado de alejar el foco central de la gobernanza de la movilidad venezolana de la "condición de refugiado" (Zetter 2007).

Si bien la Ley de Refugiados de 1997 de Brasil ha sido elogiada mundialmente por su "progresismo", CONARE ha recibido críticas por su interpretación y aplicación restrictiva y conservadora de la ley (véase, Tinker y Sartoretto 2018), incluida (y principalmente debido a) su falta de uso de la Declaración de Cartagena. El intento deliberado de cambiar la migración venezolana de la condición de "refugiado" a "migrante" por medio de permisos de residencia fue aplicado legalmente en 2018 a través de otro decreto, sin contar con una decisión clara de si la situación de Venezuela clasificaba bajo una de las posibilidades legales de la condición de refugiados. Ese decreto, a su vez, redujo el número de documentos exigidos, estableció una exención de tarifas para los migrantes que no podían pagarlos y abrió la posibilidad de convertir los permisos en residencia permanente después de dos años, si los migrantes mostraban medios mínimos para mantenerse.

Esto significó una gran mejora, que llegó en un momento en el que un gran número de desplazados venezolanos se encontraban solicitando asilo, creando no solamente retrasos, sino también un reto político y económico para el Estado. Sin embargo, también implicó que los venezolanos, no siempre respaldados legalmente ni bien informados, tuvieran que "elegir" si renunciaban a las solicitudes de asilo para beneficiarse de las vías de regularización disponibles. Como afirman Zapata y Wenderoth (2021), con el estatuto de refugiado los venezolanos tienen la protección internacional, un sistema más seguro de protección e integración social, mayores derechos a la reunificación de las familias y una protección más sólida frente a la posibilidad de devolución a su país. Esto significaba que, aunque el estatuto de residencia *ad hoc* y el estatuto de refugiado se utilizaban como marcos iguales de protección, implicaban un conjunto diferente de marcos nacionales, regionales e internacionales de protección con conjuntos distintivos de derechos, que los venezolanos desplazados desconocían cuando tenían que hacer esa "elección".

En junio de 2019, el Gobierno de Brasil clasificó a Venezuela como un país en situación de "violación grave y generalizada de derechos humanos", lo cual abrió una vía legal para que los migrantes fueran aceptados como refugiados. Incluso esta decisión, acogida en 2019, de reconocer a los venezolanos desplazados *prima facie* como refugiados bajo los auspicios de la Declaración de Cartagena fue una decisión determinada políticamente, en un contexto en el que el recién elegido presidente de extrema derecha Jair Bolsonaro la utilizó como herramienta ideológica para legitimar su estilo de gobierno y contrarrestar las pretensiones de legitimidad del gobierno de Maduro en Venezuela (Tavares y Cabral 2020). La acogida positiva de esta decisión no debe de ninguna manera eclipsar los años de transiciones categóricas que sufrieron los venezolanos antes de esta, y la gobernanza de la migración bajo una jerarquía categorial ad hoc, que situaba la condición de refugiado como la más privilegiada, y la menos accesible (Zetter 2007). De hecho, el Gobierno brasileño hizo intentos deliberados de impedir que los venezolanos reclamaran el estatuto de refugiado y, cuando no tuvo éxito, hizo que decenas de miles de ellos esperaran años para obtener una decisión. Una cuestión de suerte política, más que el producto de un sistema basado en reglas destinado a garantizar los derechos, fue lo que realmente condujo a ese resultado positivo.

Esta gobernanza discrecional de la movilidad venezolana se intensificó durante el brote de la pandemia de COVID-19. Brasil no solo abandonó el Pacto Mundial para una Migración Segura, Ordenada y Regular, bajo las órdenes de Bolsonaro, sino que también emitió decretos ejecutivos creando la categoría de "migrante peligroso"(Ordenanza nº 666/2019) que modificaba las reglas relativas a los rechazos en la frontera y las expulsiones forzosas, otorgando más discrecionalidad a la policía fronteriza y criminalizando de hecho a determinados migrantes, algo que iba directamente en contra del ethos de la nueva ley migratoria basada en los derechos humanos que Brasil había introducido en 2017. Este fue el telón de fondo de la política restrictiva y discriminatoria que se introdujo durante la pandemia de COVID-19. A partir de marzo de 2020 y durante 2021, solo unos meses después de que Brasil recibió elogios por su reconocimiento de los desplazados venezolanos como refugiados y por la creación de la estructura humanitaria, el país cerró sus fronteras. Muchos Estados en América del Sur hicieron los mismo, usando como justificación la necesidad de contener la propagación del virus. El cierre de las fronteras no solamente iba en contra de las recomendaciones de la OMS en virtud del Reglamento Sanitario, sino que además tuvo efectos graves en la capacidad para prestar ayuda médica (y de otro tipo) y apoyo técnico para abordar el coronavirus. La salud de los migrantes y las personas desplazadas no solo se vio afectada por el virus, sino también por los efectos intencionados y no intencionados de las restricciones de viaje, y muchas personas, en particular, las poblaciones desplazadas se enfrentaron a un trato negligente y discriminatorio. Como se explica en más detalle en el Capítulo 4, la prohibición de la entrada (regular) a todos los venezolanos creó esencialmente desplazamientos y entradas irregulares, y con ello riesgos y vulnerabilidades que tuvieron importantes efectos de género sobre las mujeres y niñas que huyeron, afectando gravemente su salud sexual y reproductiva, y el acceso a protección y atención médica para mitigarlos. Una vez en el país, los decretos presidenciales prohibieron la regularización y la solicitud de asilo de los migrantes irregulares, lo que supuso que decenas de miles de venezolanos permanecieran indocumentados durante casi dos años en Brasil. Esto ha dado lugar a importantes brechas de protección.

Los diferentes y jerarquizados niveles de protección prepandémicos y los niveles de irregularidad entre los venezolanos durante la pandemia de COVID-19 socavan las bases de la protección *de facto* independientemente de la condición de migrante. Este se manifiesta especialmente cuando se analiza el acceso tanto a los derechos de movilidad como al derecho a la salud. En el caso de los derechos de movilidad, existe una clara diferencia *de jure* entre ser solicitante de asilo/refugiado, ser migrante con permiso temporal *ad hoc* y ser indocumentado. En primer lugar, en cuanto al derecho a buscar protección, el SIDH cuenta con un marco sólido de protección y dicho derecho debe ser protegido incluso en circunstancias excepcionales, como durante pandemias, junto con la protección de no-devolución en los casos de aquellos cuya vida, libertad o el bienestar podría verse así puesto en peligro. En la práctica, sin embargo, en 2016 se produjeron varias deportaciones colectivas de venezolanos en su mayoría migrantes irregulares, en clara violación de la protección más amplia contra la *no devolución*. Esta experiencia estableció una jerarquía clara permitiendo el acceso al derecho a solicitar asilo únicamente a unos pocos. Sin embargo, como informaron muchas mujeres que entrevistamos, la policía exigía en la frontera documentos a los niños y niñas, como pasaportes válidos, junto con permisos del otro miembro de la pareja, algo que la mayoría de estas mujeres no tenían y, por lo general, no podían obtener. A estas mujeres, niños y niñas se les prohibiría la entrada y tendrían que cruzar sin autorización o dar marcha atrás, independientemente de sus motivos para huir de su país, su vulnerabilidad o la mayor protección otorgada a los niños y niñas por parte del SIDH (como se señaló anteriormente).

Para aquellos migrantes y desplazados "regulares" en asentamiento, se hicieron evidentes las restricciones burocráticas y legales. Si bien el acceso al servicio de salud en Brasil es gratuito y universal para todos, independientemente de la nacionalidad o estatus, de acuerdo a la constitución federal del país, el gobernador de Roraima decretó en 2016 un "estado de emergencia (sanitaria)" en todo el estado debido a la sobrecarga en los servicios de salud locales, en particular hospitales, tras la afluencia de venezolanos desplazados (Brandão 2016). En 2018, el estado de Roraima intentó crear restricciones burocráticas en el acceso de los migrantes a los servicios públicos, exigiendo el cierre de la frontera entre Venezuela y Brasil debido a los crecientes niveles de supuesta criminalidad y, entre otras razones, la sobrecarga de los sistemas de salud y educación, además del riesgo de epidemias (Cintra 2020). La respuesta restrictiva también se vio en un decreto local emitido en agosto de 2018, que requería que los migrantes mostraran sus pasaportes para acceder a los servicios de salud locales. La documentación fue uno de los principales dispositivos que los actores locales utilizaron para limitar y restringir el acceso de los migrantes forzados a los servicios y derechos de salud, afectando particularmente a los migrantes indocumentados: el estatus legal influye de manera distintiva el acceso de los migrantes a la protección (Zapata 2021).

Esto no fue sorprendente desde el punto de vista político, y fue una consecuencia de que los desplazados por necesidad llegaran y se asentaran en zonas fronterizas que ya presentaban problemas socioeconómicos arraigados y un desarrollo desigual. Los venezolanos emigraron en su mayoría a los estados más septentrionales de Brasil, Roraima y Amazonas, y permanecieron allí, siendo estos los más cercanos a la frontera entre Brasil y Venezuela, y entre los estados más pobres, con pocos recursos para responder a las crecientes presiones sobre los servicios locales. En 2018 se estimó que el 10 por ciento de la población de Roraima eran migrantes venezolanos (Doocy *et al*, 2019). Como se analiza en el Capítulo 4, la respuesta de Brasil ante estas demandas fue la creación de una operación interinstitucional federal que involucró a las Fuerzas Armadas, los servicios gubernamentales, diferentes ONG y organizaciones internacionales, para brindar apoyo a los gobiernos locales a través de lo que se denominó "Operación Acogida" (Operação Acolhida, en portugués). Esta iniciativa tiene tres pilares: gestión de fronteras; crear, administrar albergues donde alojar a los migrantes; y mejorar la capacidad de provisión de salud local (Moulin y Magalhães 2020).

Un logro de esta magnitud ha tenido muchos impactos positivos en la disponibilidad local de servicios y el acceso a los derechos socioeconómicos básicos para los migrantes que llegan, luego de su implementación en 2018. Sin embargo, a medida que se cerraron las fronteras, también lo hizo la recepción de la Operación Acogida a los migrantes irregulares, al menos al principio, con informes de que los inmigrantes venezolanos indocumentados se reunieron frente a la estación de buses de Boa Vista, esencialmente sin hogar y durmiendo a la intemperie, porque no fueron aceptados en la estructura de la Operación Acogida. Varios migrantes vulnerables fueron expulsados a la fuerza de los refugios de la Operación y deportados a Venezuela.[5]

Una vez que se abrió la frontera, los marcos de inmigración fueron restaurados, pero las políticas de asilo y migración basadas en los derechos humanos coexistieron con contradicciones de políticas e implementación que se manifestaron como barreras para el ejercicio de derechos en general, y como determinantes de la salud sexual y reproductiva insatisfecha, en particular, lo que reprodujo desigualdades de género para las mujeres y niñas forzosamente desplazadas.

Colombia

El caso de Colombia es el otro estudio de caso importante para entender las respuestas a la migración forzada venezolana. Colombia es el país que acoge a la mayoría de los venezolanos desplazados en el mundo y en América del Sur. La respuesta colombiana a esta migración determina, por tanto, la forma en la que son tratados los desplazados por necesidad en la región. Para Colombia, el recibir refugiados y migrantes como Estado anfitrión es una situación relativamente nueva: hasta la afluencia de venezolanos, el país era principalmente un "productor" de refugiados (muchos de los cuales iban a Venezuela), siendo ocasionalmente un lugar de tránsito para personas desplazadas internacionalmente. Esta puede ser una de las razones por las que Colombia se ha visto bastante limitada en la aplicación de la Declaración de Cartagena: tiene pocos refugiados reconocidos, solo 320, de los cuales el 30 por ciento son venezolanos, un número insignificante, considerando los aproximadamente 1,7 millones de venezolanos actualmente en el país (ACNUR 2019). Es decir, el país no cuenta con una "cultura de asilo", a pesar de haber ratificado la Convención de 1951 y el Protocolo de 1967, y de haber integrado la Declaración de Cartagena en su marco nacional (Decreto n°. 2840/2013). A pesar de la decisión de no reconocer a los venezolanos como refugiados, Colombia, junto con Argentina, Brasil, Chile, Costa Rica, República Dominicana, Ecuador, Guyana, Paraguay y Perú, declaró, en el Proceso de Quito, que la situación en Venezuela había llegado a niveles en los que socavaba la protección y el respeto de los derechos humanos (Freier et al 2020). De hecho, no muchos venezolanos que se encuentran actualmente en Colombia han solicitado asilo, un poco menos de 10 000. Esto podría explicarse, entre otras razones, por la improbabilidad de una decisión sobre la solicitud oportuna y positiva, la prohibición de que los solicitantes de asilo trabajen o tengan acceso a servicios de salud patrocinados por el Estado, el deseo de realizar una migración pendular (retorno rutinario a Venezuela, prohibido para aquellos con estatus de refugiado).

Más aún, el Gobierno colombiano ha emitido una serie de permisos temporales *ad hoc* para los venezolanos, que se conoce como Permiso Especial de Permanencia, PEP. Este permiso es gratuito, rápido y de fácil acceso, convirtiéndose en una opción más atractiva para los venezolanos desplazados. El uso de estos permisos en la respuesta colombiana al desplazamiento de venezolanos fue elogiado internacionalmente y, en general, los discursos públicos del Gobierno colombiano siempre han girado en torno a su compromiso humanitario con los venezolanos (Restrepo et al 2018). A pesar de esto, el concepto ampliado de refugiado de la Declaración de Cartagena podría haber brindado al Gobierno colombiano una forma de crear una vía legal para los venezolanos que ingresan, con una variedad de derechos con arreglo a los marcos de leyes internacionales, regionales y nacionales sobre refugiados. Si lo hubieran utilizado y hubieran establecido los sistemas administrativos necesarios para procesar las solicitudes de asilo de manera oportuna (por ejemplo, utilizando criterios grupales), no hubiera sido necesario crear de cero un sistema basado en PEP que respondiera a la afluencia masiva de venezolanos. De hecho, aunque algunos autores afirman que Colombia "optó por renunciar a la distinción entre refugiados y migrantes" (Selee y Bolter 2022), también se puede afirmar que al optar por no implementar el asilo como vía legal para los venezolanos en el país, la distinción binaria se mantuvo y también logró evitar las percepciones públicas y políticas de que Colombia incentivava las entradas a través del apoyo a los refugiados (Del Real 2022; Selee *et al* 2019). Como consecuencia, el asilo en Colombia ha sido, en el mejor de los casos, irrelevante, ya que muy pocos venezolanos han sido reconocidos como refugiados y, en el peor de los casos, una barrera para la protección.

En una gran medida, los PEP fueron emitidos para solventar una irregularidad pasada, ofreciendo a los venezolanos migrantes la oportunidad de solicitarlo dentro de un periodo de tiempo limitado, previa posesión de un pasaporte válido junto con pruebas relativas a la carencia de antecedentes penales. Con un umbral probatorio y documental tan elevado, los venezolanos que llegaran después de una fecha determinada, los que hubieran cruzado la frontera de forma irregular y no tuvieran forma de acreditar su fecha de entrada y los que carecieran de pruebas relativas a la ausencia de antecedentes penales seguirían indocumentados. En mayo de 2021, el Presidente Iván Duque emitió un nuevo programa de regularización, conocido como el *Estatuto Temporal de Protección para Migrantes Venezolanos* (ETPV). Si bien esto ofreció una respuesta institucional para la regularización de un gran número de venezolanos, el ETPV exigía que los migrantes y solicitantes de asilo venezolanos cumplieran ciertos criterios de elegibilidad, centrándose en los venezolanos en situación migratoria irregular que hubieran entrado en el país antes del 31 de enero de 2021 o los venezolanos que hubieran entrado en Colombia a través de un puesto de control oficial desde entonces. Esta fecha de corte arbitraria significó que no todos los migrantes venezolanos pudieron optar a solicitar el permiso. Para 2022, más de 310 000 venezolanos migrantes seguían siendo irregulares (R4V 2023). Del Real (2022) afirmó, además, que este programa ETPV que se creó para migrantes indocumentados sin pasaportes válidos, a menudo no fue ampliamente publicitado, lo que resultó en una baja tasa de éxito y acceso. En estos casos, puede parecer que las acciones y decisiones se tomaron *con el objetivo de fracasar*.

El estatus regular/irregular es, por lo tanto, un subproducto de la respuesta del país a la afluencia masiva de personas desplazadas venezolanas. Si el estatuto legal afectara, a su vez, al acceso a los derechos humanos básicos, Colombia podría ser un ejemplo de nación con políticas humanitarias y de acogida bien intencionadas que sientan precedentes problemáticos sobre quién es tratado con humanidad y quién no. Además, Del Real (2022) caracteriza el manejo por parte de Colombia de los flujos venezolanos en un marco de *"legalidad liminal"*, en el que existe algún tipo de protección legal, pero su alcance es difuso, sin una vía clara hacia la residencia permanente o la ciudadanía, y con renovaciones que dependen en gran medida de la discrecionalidad del ejecutivo. Así, ni siquiera el muy aclamado mundialmente ETPV de 2021 es suficiente para superar la producción de irregularidad, y sigue generando exclusiones entre los migrantes venezolanos. Esto se debe a que, para poder solicitar el ETPV, los migrantes ya deben ser beneficiarios de PEP o, en el caso de los venezolanos indocumentados, deben poder demostrar que estuvieron en Colombia antes del 31 de enero de 2021. También pueden acceder al ETPV los venezolanos que ingresaron al país entre el 29 de mayo de 2021 y el 28 de mayo de 2023 por los puestos oficiales de control fronterizo y que sellen su pasaporte. Además, los titulares de PEP deben inscribirse en un censo y solo entonces podrán acceder a la residencia de diez años. Los diferentes tipos de requisitos implican que muchos migrantes permanecerán indocumentados, y los migrantes futuros podrían convertirse en migrantes irregulares debido a las limitaciones de la política. Seele *et al* (2019) y Del Real (2022) sostienen que sin una vía directa hacia la permanencia o la ciudadanía, y con el alto nivel de discrecionalidad en torno a estas medidas, es muy posible que muchos más desplazados por necesidad se conviertan en indocumentados.

La producción de la irregularidad a través de políticas altamente discrecionales refleja además un enfoque de derechos excluyente que afecta a casi todos los venezolanos. Los migrantes vulnerables y aquellos que cuentan con pocos recursos son los más afectados, y sus condiciones socioeconómicas, ya de por sí malas, se ven agravadas debido a la forma en que la condición de migrante afecta el acceso a los derechos básicos, en particular, el derecho a la salud y el derecho al trabajo. En Colombia, los migrantes indocumentados no tienen acceso al empleo formal ni derechos laborales, y solo tienen acceso a servicios de salud de emergencia, mientras que los migrantes con estatus legal vigente tienen pleno acceso. Incluso el acceso a los servicios de emergencia está estrictamente limitado a:

> 1) Aquellos que enfrentan emergencias que amenazan la vida y que llegan a las salas de urgencia de los hospitales públicos; 2) aquellos que enfrentan necesidades urgentes de maternidad y necesidades inmediatas debidas a embarazo; 3) niños y niñas, y especialmente bebés, con necesidades neonatales, de desarrollo y de vacunación. Otros segmentos de poblaciones migrantes (adultos mayores, hombres, mujeres no embarazadas) y otras categorías de problemas de salud (enfermedades crónicas, afecciones que no ponen en peligro la vida y salud mental) no están cubiertos. (Zambrano-Barragán *et al* 2021: 3)

Por lo tanto, muchos migrantes forzados se encuentran esencialmente sin derechos. Si quieren ser atendidos por médicos deben pagar, pero sin tener empleo formal es poco probable que los migrantes irregulares (o hasta solicitantes de asilo) puedan pagar los costos de los servicios médicos. Esto explica por qué menos del 22 por ciento de migrantes cuentan con el acceso pleno a los servicios de salud en el país (Profamilia 2020). Otras barreras cotidianas, como la inseguridad económica y la discriminación, afectan el acceso a los servicios y derechos de salud y son mayores entre los indocumentados, algo que se agravó durante la pandemia (Zambrano-Barragán et al 2021). Incluso se anunció inicialmente que la disponibilidad de la vacuna para la enfermedad del COVID-19 estaría restringida a nacionales y extranjeros con algún tipo de estatus legal, excluidos los indocumentados, aunque esto cambió más tarde a medida que las vacunas se generalizaron (Bowser et al 2022).

Todos estos ejemplos demuestran las grandes brechas existentes entre las leyes aparentemente positivas para los migrantes y los refugiados, y las experiencias vividas por los propios migrantes forzados. La importancia de

Colombia como estudio de caso, más allá de las cifras de venezolanos ubicados dentro de sus fronteras, es que demuestra cómo un discurso positivo a favor de la inmigración combinado con algunos logros reales a través del uso de la regularización *ad hoc* pueden coexistir con políticas excluyentes y poder discrecional (Acosta y Freier 2015), operando a través del estatus de "migrante" en lugar de estatus de "refugiado".

Son normalmente los migrantes más vulnerables los que se convierten en migrantes irregulares, y su irregularidad agrava aún más sus vulnerabilidades, al prohibir o limitar el acceso a los derechos básicos como la salud y los derechos laborales. En lugar de una protección *de facto* para todos los migrantes, independientemente de su estatus, el análisis de las experiencias vividas de movilidad y derechos socioeconómicos demuestra la falta de derechos *de facto* para los migrantes venezolanos indocumentados (y solicitantes de asilo) en Colombia, y la legalidad liminal y la inseguridad jurídica para aquellos con algún tipo de estatus de migrante, pero no de refugiado.

Conclusión

América Latina es conocida a nivel mundial por su posición progresista en materia de migración y asilo, con importantes logros en los marcos jurídicos regionales, subregionales y nacionales. Por lo tanto, los venezolanos desplazados por necesidad son un caso importante, dado el carácter sin precedentes de tales niveles de movilidad en la región y su ubicación en países vecinos de América del Sur, para reflexionar sobre las brechas de protección que surgen entre la promesa de tales marcos y la realidad a la que se ven expuestos. El análisis de los marcos jurídicos y de las políticas a nivel regional y nacional, aunque importante para comprender la gama de derechos formalmente disponibles para los migrantes forzados en la región, no es suficiente para abordar la realidad de los regímenes de protección en el terreno, como se ilustra en el análisis de la forma en que Brasil y Colombia han manejado las entradas de venezolanos desplazados.

En el caso de Brasil, una estructura impresionante de protección, combinada con marcos progresivos, demostró, por un lado, ser extremadamente deficiente en las experiencias de derechos cotidianas y localizadas de los venezolanos desplazados por necesidad y, por el otro, instar un modo altamente discrecional de gobernanza ejecutiva. Los requisitos de documentación se utilizaron de diversas formas para restringir el acceso de los venezolanos al territorio brasileño, limitar su acceso a los servicios de salud y al empleo formal, así como otros derechos socioeconómicos, a pesar de que dichos requisitos no tienen cabida en los marcos jurídicos formales altamente progresistas de este país.

En el caso de Colombia, todas las regularizaciones puestas a disposición de los venezolanos no fueron suficientes para frenar la irregularidad, ni siquiera la iniciativa de darles una residencia de diez años y algo menos del 60 por ciento de los venezolanos aún están indocumentados en ese país (Welsh

2021). Las muy elogiadas soluciones a los problemas de documentación de los venezolanos en el país no son tan duraderas y sostenibles como parecen ser sobre el papel, y su *legalidad liminar* significa que los venezolanos están expuestos a medidas gubernamentales altamente discrecionales, en lugar de tener sus derechos garantizados dentro de una estructura de protección basada en normas.

Ambos casos, al igual que las más amplias respuestas regionales esbozadas al comienzo de este capítulo, demuestran cómo se producen brechas de protección a través de jerarquías de derechos *de facto* y decisiones arbitrarias sobre el merecimiento y la protección. No es el objetivo de este libro condenar a Colombia, Brasil u otros Estados de la región por las medidas que han tomado ni negar los logros reales alcanzados en circunstancias muy limitadas (estas cuestiones de responsabilidad se analizarán en el Capítulo 5). Más bien, el enfoque está en llamar la atención sobre:

1. Las formas en las cuales un régimen seguro de protección para los desplazados por necesidad queda inhabilitado por el recurso a formas de gobernanza de la migración basadas en el uso discrecional de los poderes ejecutivos de formas que tienen grandes consecuencias para el nexo migración forzosa-género-salud, y
2. la necesidad de que el análisis de los regímenes de protección profundice en su funcionamiento sobre el terreno en lugar de quedarse en el nivel de los derechos generales refrendados en el derecho constitucional, regional o internacional.

En este capítulo se centró en demostrar cómo los diversos estatus migratorios afectan y configuran el acceso a los derechos y cómo el modo de gobernanza de la migración puede hacer que el goce de los derechos sea precario al no fundamentarlo de forma segura en un marco basado en normas. Sin embargo, el despliegue de una gobernanza ejecutiva *ad hoc* en visados especiales y permisos de residencia que produjo irregularidad para muchos venezolanos también permitió la xenofobia y otras faltas de respuesta para las mujeres desplazadas, especialmente en las zonas fronterizas desfavorecidas donde se encontraban muchos venezolanos. Esto, a su vez, afectó su acceso a la asistencia médica y a sus derechos en materia de salud. Para demostrar y explorar el carácter de este efecto, el siguiente capítulo se centrará en las voces de las propias mujeres desplazadas.

CAPÍTULO CUATRO

La protección del derecho humano a la salud de mujeres y niñas venezolanas desplazadas por necesidad

Las cuestiones vinculadas a la documentación son importantes cuando las mujeres y niñas llegan a países de destino. Son importantes tanto en la forma en la que experimentan sus derechos (por ejemplo, a la salud) en circunstancias cotidianas, como en la forma en la cual se perciben a sí mismas y son percibidas por la sociedad como sujetos de derechos. Incluso en los contextos en los que la documentación no parece ser un problema para acceder los derechos básicos, como, por ejemplo, la atención médica, las mujeres pueden convertirse en "socialmente indocumentadas". Según Amy Reed-Sandoval (2020:36), "la identidad socialmente indocumentada es una identidad etno-racial y de clase, y el grupo de personas socialmente indocumentadas incluye personas con o sin autorización legal para vivir en el país en el que residen actualmente". Por lo tanto, ya sea que los desplazados por necesidad estén o no documentados, las dimensiones de género, raza, etnicidad y clase pueden entrecruzarse con su condición de migrantes y afectar sus experiencias cotidianas en materia de derechos al ser vistos o considerados socialmente como indocumentados. Las barreras cotidianas asociadas con percepciones y prácticas sociales pueden tener un impacto en el goce de los derechos de las mujeres desplazadas, independientemente del estatus migratorio. Esto no significa que la documentación no sea importante. En el Capítulo 3 se señaló cómo la documentación puede ser utilizada, muchas veces arbitrariamente, en la gobernanza migratoria para dificultar el acceso a los derechos. En este capítulo se discutirá, además, como las desigualdades y las injusticias surgen de variables que se entrecruzan, incluido el género. Es decir, la documentación es importante para los venezolanos en los contextos analizados, pero las experiencias sociales cotidianas *de género* en relación con los derechos son fundamentales para revelar la importancia de ir más allá de las cuestiones de documentación y estatus.

Lo que queda claro es que las mujeres y niñas desplazadas ven gravemente restringido su acceso a los derechos y a la dignidad. Un área sensible al género en donde esto se hace evidente es en relación con la salud sexual y reproductiva (SSR). La SSR representa una de las experiencias de género más sombrías de los perjuicios que afectan los derechos, la dignidad y la libertad de mujeres y niñas durante el desplazamiento y más allá de ellos. Sin embargo, los sistemas de protección con enfoque de género utilizados para abordar los desafíos de salud sexual y reproductiva de mujeres y niñas en situaciones de desplazamiento no siempre están disponibles, no son efectivos o no están dispuestos a responder de manera adecuada a la hora de defender la protección de todos los migrantes.

En este capítulo se centra la atención en las mujeres y niñas "desplazadas por necesidad", con el fin de detallar las diferentes formas en las cuales la experiencia de desplazamiento afecta la SSR y el acceso de sus derechos. Desarrollamos este capítulo basándonos en las numerosas entrevistas y discusiones que realizamos durante el trabajo de campo, dando voz a las mujeres y niñas desplazadas. El capítulo contextualiza la discusión en el marco del derecho a la salud, considerando que la articulación entre los derechos a los que están facultadas las mujeres y niñas desplazadas, y las condiciones en las que ellas pueden ejercerlos son requisitos de dignidad. A continuación, se analiza si los sistemas de protección existentes a nivel regional y nacional se implementan en los casos de Colombia y Brasil para responder de manera adecuada a las migrantes venezolanas. Además, el capítulo aborda las necesidades de género en relación con la SSR de las mujeres y las responsabilidades de los Estados a la hora de proporcionar protección. En este contexto, se evalúa la implementación de estatus de refugiado y migrante a la luz de las necesidades de protección de la población femenina desplazada y de sus derechos relacionados con la SSR. Así, se destaca la falta de infraestructuras y políticas adecuadas necesarias para romper ciclos de privación y exclusión que afectan específicamente a las mujeres y niñas desplazadas. Finalmente, el capítulo debate la insuficiencia de los marcos de protección para mujeres desplazadas y cómo este vacío de protección denota una falta de responsabilidad hacia dichas mujeres.

Mujeres y niñas como desplazadas por necesidad

Las mujeres venezolanas migrantes son en realidad personas desplazadas por necesidad, es decir que las causas del desplazamiento forzado son razones de necesidad práctica que van del hambre a la violencia basada en género y al miedo de morir durante el parto. Del número total de desplazados venezolanos, la mitad son mujeres y niñas. En un estudio realizado por la Fundación Fiocruz que entrevistó a 2012 mujeres y adolescentes venezolanas en Manaos y Boa Vista, en Brasil, se les preguntó cuáles eran las razones más importantes para su desplazamiento (con la opción de escoger más de una opción). El 54 por ciento de las entrevistadas señaló razones relacionadas con las dificultades de obtener comida; el 31.8 por ciento resaltó razones relacionadas con el acceso a los servicios de salud, el 27.3 por ciento enumeró razones relacionadas con violencia de género, y un porcentaje similar expresó razones relacionadas con la búsqueda de trabajo (Do Carmo Leal *et al* 2022). Estas son personas que pueden sentir de manera razonable que no cuentan con otra alternativa que dejar el país y entrar en un proceso de migración, ya sea debido a amenazas directas, a prospectos de inseguridad física, a la pérdida de vivienda y sustento o porque su habilidad para cuidarse a sí mismas y a sus familias ha sido radicalmente socavada. Como dice Myrza, una migrante venezolana de 33 años que emigró a Brasil en 2018: "Decidí migrar porque la situación era muy extrema. Ya no tenía trabajo, la situación era precaria, y tenía mucha necesidad, mucha hambre ... No puedo volver a Venezuela porque volver significa volver a la necesidad y al hambre" (Manaos, 30 de junio de 2021).

De la misma manera, una migrante de 39 años que abandonó Venezuela en 2016 dijo:

> "La crisis me hizo partir, buscando una mejoría, poder ayudar a mi familia. Allí se quedó mi familia, mi madre, mis hermanos, mis primos. ... Yo también estaba enferma. También me fui por eso, porque necesitaba una operación. Y allá en Venezuela, el tiempo pasaba y yo no tenía ayuda. ... esa es mi razón principal ... Me dijeron que aquí podían operar rápidamente". (Marcela, Manaos, 8 de junio de 2021)

Finalmente, una migrante de 19 años resumió una experiencia de necesidad común así:

> "Algunas veces si comprábamos comida no podíamos comprar ropa, o si comprábamos ropa, no comprábamos comida. ... Y entonces decidimos que yo era la que me iba" (Eva, 13 de julio de 2021). Para muchas de ellas, la migración también forma parte de la responsabilidad que asume la mujer en su rol de madre y cuidadora:

> "Tuve que emigrar por mis hijos, por un mejor futuro para ellos, por una mejor educación ... Tengo tres hijos, tuve que dejar dos, y solo traje uno, para poder trabajar. Ya que no puedo dejarlos con un extraño aquí. Bueno, seguiré luchando para darles un mejor futuro y cuando me establezca, iré a buscarlos. Y bueno, esa es mi historia. ... mucha tristeza porque no tengo mis otros dos". (Flaka, Manaos, 2 de octubre de 2021)

Esto se repite en muchas historias de necesidad y responsabilidad (de género). Nancy huyó a Colombia, en 2020. por sus hijos, "porque ni siquiera podía proveer las necesidades básicas. ... A veces no comían o yo dejaba de comer para darle la comida a mis hijos, ¿me entiendes?". (Bogotá, 7 de octubre de 2021).

Las historias de necesidad son con demasiada frecuencia la cuasa de la migración forzada. La situación de las mujeres venezolanas demuestra que el género afecta y amplia los entendimientos estrictos y binarios de lo que se considera como causas del desplazamiento forzado, como se vio en el Capítulo 2. En particular, lo que las mujeres venezolanas demuestran en sus relatos es que la atención médica y los derechos sexuales y reproductivos son derechos humanos básicos, cuya violación (para ellas y para las personas que cuidan) es una razón de peso para la migración (forzada). Las vulnerabilidades y necesidades de mujeres y niñas se ven acentuadas por caminos precarios y cruces peligrosos, el acceso inadecuado a alimentos y agua, las caminatas largas, las situaciones traumáticas vividas agravadas por riesgos de violencia sexual. Las mujeres y niñas migrantes, y, en particular, aquellas que se desplazan por caminos irregulares, tal vez no cuenten con un acceso necesario a la atención y tratamiento médico antes o durante su viaje. Además, el acceso a los servicios de salud sexual y reproductiva a la llegada, y la negociación para obtener dichos servicios, puede ser una experiencia compleja y conflictiva, que se puede verse exacerbada por el acceso inadecuado a los servicios de salud en los sitios fronterizos y en los asentamientos (Rivillas-García et al 2021).

Las mujeres y niñas enfrentan nuevas situaciones de violencia y misoginia, pobreza prolongada, daños físicos e inestabilidad emocional durante su desplazamiento. En general, pocas mujeres adolescentes (trans o cisgénero) cuentan con la oportunidad de prepararse económicamente antes de emprender su viaje debido a circunstancias repentinas de violencia, hambre o pobreza que las obligan a huir de su lugar de origen. En consecuencia, muchas de ellas tienen pocos recursos económicos cuando inician su viaje. Esta situación lleva a las mujeres y niñas a vivir situaciones precarias, como la imposibilidad de costear alimentos, no poder acceder a un alojamiento y tener que dormir en la calle, o no tener acceso a transporte para llegar a un centro de salud, no poder comprar medicamentos, entre otras cosas.

Las decisiones que las mujeres y adolescentes se ven obligadas a tomar para responder a las situaciones que enfrentan durante el desplazamiento, y sobrellevarlas, pueden conllevar nuevos riesgos para su salud, bienestar y dignidad en general. Las mujeres pueden migrar con la esperanza de encontrar mejores trabajos, buscar atención médica y/o mantener a la familia que se ha quedado atrás. Sin embargo, el estatus legal y las barreras asociadas al mismo pueden limitar las opciones, dando lugar a un ciclo perverso de decisiones y riesgos como mecanismos de supervivencia. Por ejemplo, las mujeres pueden verse o sentirse obligadas a intercambiar sexo por comida, protección o transporte al estar desplazadas (Angulo-Pasel 2018). Por supuesto, la distinción entre el "sexo por supervivencia" y el sexo forzado puede considerarse como falsa para muchas mujeres y niñas en situaciones de coacción. En el campo de la economía política y el desarrollo, hay estudios que han explorado también las vulnerabilidades y desigualdades de género en materia de salud como consecuencia de la explotación en el mercado laboral o en la economía informal a través del trabajo de prestación de cuidados no remunerado o mal remunerado, en el que se niegan los derechos de protección y se somete a las personas a prácticas discriminatorias y de sentimientos anti-migrantes (Delgado Wise *et al* 2013; Bastia 2013; Bastia y Piper 2019).

El brote de COVID-19 reforzó las necesidades y perjuicios que, en primer lugar, hicieron que las mujeres y niñas huyeran de sus países, pero también aumentó los riesgos a medida que la decisión de cerrar las fronteras con Venezuela se extendió por toda América del Sur, en marzo de 2020. El cierre de las fronteras de ninguna manera disuadió para no migrar, sino que por el contrario trajo consigo nuevas experiencias de desposesión, daños e indignidades. Por ejemplo, el desplazamiento por *trochas*, una forma irregular de viaje que requiere caminar por senderos alternativos no urbanizados a través de la selva y la montaña, y el uso de trocheros (traficantes) que se dedican al tráfico ilegal de migrantes, no sólo hacen que los viajes sean más largos e inseguros, sino que también están sujetos a los pronunciamientos arbitrarios de los traficantes, que a menudo exigen más pagos a medida que avanzan, o incluso sexo a las mujeres.

Esta situación fue más problemática durante 2020, ya que muchos gobiernos latinoamericanos introdujeron medidas restrictivas de movilidad humana para reducir el impacto de la pandemia. Por ejemplo, Argentina, Bolivia, Paraguay, Ecuador, Perú y Colombia decretaron la cuarentena obligatoria. Ecuador y Perú introdujeron toques de queda y, al igual que Chile y El Salvador, declararon el estado de emergencia, dejando la seguridad interna y la custodia de los servicios sanitarios en manos de las Fuerzas Armadas. México suspendió el acceso a albergues a los nuevos migrantes y aumentó los controles en las fronteras al igual que las deportaciones. Aunque estas medidas intentaron frenar la propagación del virus, también socavaron las protecciones sociales de los desplazados por necesidad y exacerbaron las políticas y actitudes antimigratorias provocando un ciclo de riesgo aún mayor para las poblaciones desplazadas. En algunos casos, las consecuencias económicas del confinamiento y el clima inhóspito para los desplazados por necesidad coaccionaron de manera efectiva a cientos de refugiados y migrantes venezolanos y centroamericanos a volver atrás por la misma ruta que tomaron para escapar, y regresar a las condiciones peligrosas, de privación y violentas que en primer lugar, estaban tratando de escapar (Riggirozzi *et al* 2020).

A pesar del cierre de fronteras y, en general, de las restricciones legales, la migración no se detuvo. Por el contrario, las restricciones llevaron a los migrantes a utilizar rutas informales, aumentando aún más su vulnerabilidad a la explotación y otros perjuicios. Las rutas y puntos de entrada irregulares suelen estar controlados por grupos armados ilegales u organizaciones delictivas, y son verdaderos focos de reclutamiento (forzoso) para las redes de trata de personas y explotación sexual.

Esto pone de relieve un argumento principal: el método de desplazamiento determina los riesgos y la vulnerabilidad ante graves violaciones de los derechos fundamentales. Estas violaciones tienen un efecto diferenciado en las mujeres y niñas, porque con frecuencia incluyen agresiones sexuales, tienen consecuencias inmediatas en la salud y la dignidad, y profundizan las brechas de género a largo plazo al atrapar a las mujeres en situaciones de pobreza, violencia, incluida la violencia sexual, la trata y la explotación. Como recordó una migrante:

> "No teníamos dinero como tal, sin embargo, teníamos algunas cosas de valor, como celulares, nuestros teléfonos; tuvimos que dárselos al chofer del camión. Teníamos otras cosas como un secador de pelo, una plancha para el cabello, ... y zapatos ... y entonces pagamos para poder llegar" (Silvia, Manaos, 7 de mayo de 2021).

El despojo, el cambio de prioridades y el pragmatismo son temas comunes entre las mujeres y niñas migrantes venezolanas. Una adolescente migrante de 15 años que cruzó la frontera por *trocha* a Brasil, dijo: "Alisté mi ropa pero al final mucho de lo que tenía lo tuve que botar durante el viaje porque era pesado y la trocha estaba muy embarrada, no podíamos cargar las maletas". (Liz, Manaos 18 de junio de 2021). Al preguntarle qué consejo le daría a otras adolescentes que estén a punto de huir de Venezuela a Brasil, Liz dijo: "Simplemente no traigan ropa. Sé que les encanta cambiarse de ropa, pero por favor, solo traigan una pieza. Aquí les dan ropa. Y cuídense, cuídense".

En la mayoría de los casos, el sentido de responsabilidad hacia sus hijos, hijas y familias es un factor fundamental que explica la decisión de las mujeres de migrar, así como la razón por la cual superan la violencia durante el desplazamiento, y la razón por la cual lo hacen. Las mujeres saben que "se corren riesgos, los migrantes están expuestos a todo tipo de cosas". Como expresa una joven migrante venezolana: "una de las razones más difíciles de ser migrante y mujer es que las mujeres migrantes están expuestas a todo, lo que tenemos que enfrentar no es nada fácil, y aún más difícil si la mujer está migrando sola" (Gabriela, Manaos, 8 de junio de 2021). Como señala Flavia, "las mujeres migrantes son propensas a sufrir agresiones sexuales" (Flavia, Manaos, 7 de mayo de 2021). Las experiencias de las mujeres y niñas desplazadas a menudo se ven agravadas por situaciones de coerción, extorsión y violencia sexual. Mayra llegó de Venezuela a Cúcuta, en Colombia, y refiriéndose a las desplazadas por necesidad que viajan por *trocha* recordó que "había una muchacha bonita... un hombre [traficante] le puso la mano encima y le dijo que si no le daba creo que eran 10 dólares en ese momento, abusarían sexualmente de ella... hay gente así en la trocha" (Bogotá, 12 de agosto de 2021).

En muchos casos, las mujeres son las que absorben los impactos dentro de la familia. Una entrevistada venezolana de 25 años que viajó de manera irregular a Brasil, lo describió así:

> "Viajamos por trocha, con mi esposo. ... Sufrimos una mala experiencia al final del recorrido, porque había unos malandras que nos sometieron ... querían que pagáramos más, pero ya lo habíamos hecho, habíamos pagado antes ... pero querían que yo pagara ... que me acostara con ellos, y entonces, bueno, esa fue una mala experiencia ... Primero me enojé con mi esposo porque no hizo nada ... pero en conciencia, ¿cómo iba a hacer algo si podían matarlo? No pudo hacer nada" (Flavia, Manaos, 7 de mayo de 2021).

El tiempo que toma el viaje también depende de la modalidad utilizada y de la ruta seguida. En una encuesta realizada en 2021 en la que participaron más de 1500 mujeres y niñas adolescentes migrantes de Venezuela que viajaron a Brasil entre 2018 y 2021, Do Carmo Leal *et al.* (2022), reportaron que el 83,1 por ciento llegaron a Brasil dentro de los siete primeros días después de dejar sus hogares en Venezuela. Aquellas que viajan por bus tienden a tomar menos tiempo, hasta tres días, y entran a través de un camino regular, o lo que una entrevistada migrante llamó "la Puerta Grande" (en alusión al punto de cruce oficial), viajando por la ruta hacia el sur hacia el cruce "oficial" a lo largo de la frontera con Brasil, a diferencia de las *trochas*, o caminos irregulares.

Sara, una migrante venezolana de 22 años que se desplazó por *trocha* con un bebé y que llegó a Brasil el 25 de diciembre de 2020, explicó:

> "Para atravesar el camino tardé como dos horas caminando, luego dos horas más para llegar a un pueblo donde los indígenas me dieron algo de comer, dónde lavarme y cambiarme de ropa, porque yo tenía una bolsa, y en mi bolsa tenía todo, pero tuve que deshacerme de ella, por el peso, tiré la mayor parte de mi ropa y la ropa de mi hija, me quedé con el agua, la merienda y los papeles de mi hija, la otra ropa la tiré por el camino". (Manaos, 21 de junio de 2021)

Otra mujer venezolana que huyó con sus hijas adolescentes, de 14 y 15 años, explicó:

> "Es horrible. No teníamos ni una gota de agua, tuvimos que subir algunas montañas. Descansamos un poco y empezamos a bajar, eran casi las 6 de la tarde, ya estaba oscuro. … Nos tiramos en el suelo porque nos podían ver desde la carretera, esperando que no pasara un carro de la policía brasileña. Porque si nos cogían, nos iban a deportar. Íbamos a perder el sacrificio del viaje y del dinero gastado. Salimos a la carretera a medianoche. Caminamos mucho, asustadas … una de mis niñas, resbaló y se agarró de una rama porque se estaba cayendo al vacío". (Olga, Manaos, 8 de junio de 2021)

Estas situaciones nos llevan a un segundo argumento: la mayoría de los migrantes venezolanos que llegan a Brasil y Colombia son pobres y necesitan múltiples servicios sociales y de salud, pero a su llegada se encuentran con una serie de limitaciones y barreras legales, así como situaciones de rechazo y actos de xenofobia por parte de las poblaciones nativas, que afectan la consecución del derecho a la salud y a la dignidad.

Un aspecto característico dentro de los corredores Sur-Sur de migración es que las poblaciones de desplazados y refugiados a menudo se encuentran con una prestación de servicios y unos mercados laborales locales saturados, un desarrollo desigual y austeridad, especialmente en las zonas fronterizas. Más aún, los migrantes sufren frecuentemente una mayor carga de enfermedades transmisibles, crónicas, mentales, y lesiones y daños debido a las condiciones en el momento y durante el proceso de desplazamiento, lo que requiere la prestación de servicios de salud de emergencia y programas de salud específicos, que no siempre están disponibles o accesibles para ellos. En los países de asentamiento, esto se ve agravado a menudo por el temor a que los extranjeros compitan por recursos (insuficientes), lo que provoca sentimientos de rechazo contra los inmigrantes.

El sistema de salud pública de Colombia proporciona servicios de urgencia a los venezolanos indocumentados. Los hospitales a los largo de la frontera informan de un aumento importante visitas de venezolanos a las salas de urgencias y las autoridades en los puertos de entrada han puesto en marcha programas de vacunación de adultos y niños para evitar la propagación de enfermedades altamente contagiosas, como el sarampión, la tuberculosis y la difteria. Sin embargo, la falta de un servicio de salud universal significa que las visitas de seguimiento, las necesidades de salud preventiva y crónica, y los medicamentos recetados simplemente no están al alcance de los migrantes indocumentados. Además, los migrantes forzados y, en particular, los pobres suelen ser estigmatizados independientemente de su situación legal y a menudo temen buscar atención a través de los sistemas de salud oficiales. Muchos entrevistados asentados en Bogotá afirmaron que no buscan ayuda médica en hospitales o centros de salud porque no tienen acceso, especialmente si no cuentan con los documentos adecuados; en su lugar, acuden a la farmacia porque es más fácil y asequible (también Rivillas *et al* 2018).

Más aún, si bien desde 2021 se ha visto una tendencia hacia la regularización, entendida como un proceso por medio del cual una persona puede obtener un permiso de permanencia para establecerse en el país en el cual ya habita, esta no estuvo precedida por un sistema justo e inclusivo de acogida y protección. En agosto de 2017, un año después de que el flujo masivo de venezolanos desplazados se convirtiera en una "crisis", según los funcionarios colombianos, el Gobierno de Colombia empezó a expedir el PEP. Dicho permiso fue ofrecido a los venezolanos migrantes que entraron al país con pasaporte antes de julio de ese año (véase el Capítulo 3). Sin embargo, esto excluía a los ciudadanos venezolanos cuyo derecho a salir del país estaba controlado por pasaportes no expedidos en Venezuela. Este punto fue algo que muchas mujeres destacaron como causa de maltrato a las mujeres en los puestos fronterizos y otros lugares de control, tanto en Colombia como en Brasil, aunque este útimo estaba aparentemente abierto a los migrantes sin pasaporte, se seguía aplicando una política discrecional. Como un ejemplo de cuán profundamente arraigadas están las prácticas de género en la frontera, una entrevistada recuerda la falta de respeto de las autoridades brasileñas hacia ella, como madre responsable de cuatro niños:

> "Todo era muy malo porque yo tenía mi pasaporte, mi hija mayor también, pero los otros dos no pudieron obtenerlos, era difícil en Venezuela. En Pacaraima, fue muy duro porque los militares me dijeron "lléveselos de vuelta a su país", porque no permitirían su entrada "ilegal", o indocumentados, a Brasil, como dijeron. … Los militares no nos dejaban entrar y tuve que pasar la noche entera tratando de encontrar una forma de entrar, porque no podía devolverme. … Él [un oficial de las fuerzas armadas] dijo, "si la dejo entrar, sus hijos entrarán ilegalmente y esto sería irresponsable de su parte … devuélvase a su país … no puede

venir a Brasil". ... Lloré y entonces, gracias a Dios, uno de los taxis llegó y pudimos esconder a nuestros hijos adentro para entrar de manera ilegal a Brasil". (Mirza, Manaos, 30 de junio de 2021)

Si bien Colombia y Brasil siguen siendo los principales destinos para los venezolanos que huyen de la crisis, estas normas, combinadas con los grandes obstáculos existentes para la obtención de documentos en su país de origen, colocaron a miles de venezolanos en riesgo de irregularidad legal, lo que profundiza los riesgos de explotación, trabajo restringido en sector informal y más abusos. Como se analizó en el Capítulo 3, el recibir refugiados y migrantes como Estado anfitrión es una situación relativamente nueva para Colombia, y el país ha limitado los motivos para conceder a la ciudadanía a los hijos nacidos de inmigrantes con estatuto irregular, a al mismo tiempo, la crisis de Venezuela impide a sus ciudadanos obtener fácilmente la documentación. El resultado es un marco de migración que impide a muchos beneficiarse de los programas sociales, incluido el acceso a la atención médica y, en muchos casos, los excluye de la participación en la economía formal y otros espacios sociales y políticos.

A comienzos de 2021, cuando aproximadamente 2 millones de los casi 5 millones de venezolanos que huyeron del país se encontraban basados en Colombia, el Gobierno se esforzó por incluir a los venezolanos en su respuesta a la pandemia (Cubillos- Novella *et al* 2020). Sin embargo, si se considera que casi la mitad de los venezolanos migrantes en Colombia dependen del trabajo en el sector informal (Bahar *et al* 2020), la crisis en el sector de la salud y las medidas relacionadas con la COVID-19, como la cuarentena, ahondaron riesgos de pobreza y desalojos forzosos, a pesar de las recomendaciones del ACNUDH de prohibirlos durante el brote del COVID-19 (ACNUDH 2020). Sin el apoyo financiero o acceso a los fondos públicos y viéndose incapacitados para ganarse la vida, muchos se enfrentaron a quedarse sin hogar y en la indigencia en un país extranjero y no tuvieron más alternativa que regresar a Venezuela, ya fuera por bus, si podían pagarlo, o a pie. Su regreso a Venezuela, por supuesto, los puso en peligro a ellos y a sus familias. Sin los ingresos que los migrantes ganan trabajando en el extranjero, sus familias enfrentan no solamente el hambre, sino también el acoso de los nacionales, así como la falta de acceso a la atención médica, lo que amplia y profundiza la crisis de medios de subsistencia y conflicto que da lugar a la necesidad de emigrar y desplazarse en primer lugar.

A medida que se relajan las restricciones fronterizas relacionada con el COVID-19, las personas desplazadas continuan navegando un sistema burocrático complicado para obtener los permisos de estadía legales y ganar acceso a los servicios estatales de Colombia. Hasta entonces, no se les permite utilizar los buses oficiales en la frontera para llevarlos a otros destinos o puntos de tránsito, albergues o cualquier tipo de apoyo. El resultado es un desplazamiento prolongado, alojamiento temporal inseguro, a menudo en hoteles, más pobreza y riesgos de abuso sexual y laboral, y de delincuencia organizada.

En Brasil, el marco jurídico de refugiado ofrece a los venezolanos una vía legal para ser reconocidos como tal en virtud de la Declaración de Cartagena y disfrutar de los derechos de protección social. Además, la Constitución de Brasil creó un sistema de salud pública universal (Sistema Único de Saúde, SUS), que por ley otorga el acceso a los servicios de salud a nacionales y no nacionales, independientemente de su estatuto migratorio (Guerra y Ventura 2017). La Constitución también establece disposiciones claras para salvaguardar el derecho a la salud de las mujeres, en particular, en relación con la salud sexual y reproductiva (Bustreo y Hunt 2013), aunque Riggirozzi (2021) llama la atención sobre la experiencia cotidiana de las relaciones y normas sociales basadas en género y las tensiones que reflejan las divisiones sociales, políticas e inequidades en salud, así como factores de estrés económico que impiden a muchas mujeres, en particular de las minorías étnicas, ejercer sus derechos a la igualdad (en materia de salud).

A pesar de los marcos legales aparentemente "progresistas", varios vetos emitidos por parte del expresidente Michel Temer en 2017 y decisiones arbitrarias tomadas por su sucesor Jair Bolsonaro (en el cargo entre 2019 y 2022) han limitado el ámbito y el alcance de las leyes de refugiados a favor de unos permisos temporales *ad hoc* para las personas desplazadas en el país (Fernandez y Jubilut 2018; Vera Espinoza et al 2021). Además, los niveles crecientes de violencia y xenofobia han hecho que los venezolanos desplazados enfrenten muchas barreras al acceder servicios y, más fundamentalmente, al integrarse en la sociedad "de acogida".

Como se señaló anteriormente, gobernar la migración no es solamente un desafío debido al número de personas que llegan a los pueblos de la zona fronteriza, sino también porque estas localidades a menudo ya tienen sus propias luchas socioeconómicas. Por ejemplo, la mayoría de los venezolanos han llegado al estado norteño de Roraima, el más pequeño y pobre de Brasil. El punto principal de cruce de la frontera es una pequeña ciudad brasileña llamada Pacaraima, en el extremo norte del país, y Boa Vista es la capital del estado. Aunque Pacaraima recibió alrededor de 1000 migrantes por día en 2019, Boa Vista se ha convertido en el hogar del 40 por ciento de los venezolanos que se han refugiado en Brasil. Boa Vista contaba con una población de 340 000 habitantes en ese momento, y con la llegada de los migrantes venezolanos aumentó en 60 000 personas en los tres años desde 2015 (Surita 2020). El aumento del número de desplazados en la frontera ejerció una enorme presión sobre los servicios públicos locales, que se vieron desbordados, especialmente el sector sanitario, dada la mala salud que padecen muchos venezolanos desplazados. Por ejemplo, según datos del Ministerio de Salud de Brasil, en Boa Vista sólo hay un hospital de maternidad. En él se registró un aumento en el número de nacimientos entre los venezolanos migrantes, pasando de un 3,4 por ciento de todos los partos en Boa Vista en 2016 a 26,1 por ciento en 2019 (DataSUS 2020; Bahamondes *et al* 2020). Como se señaló anteriormente en el Capítulo 3, a modo de contención y respuesta, el Gobierno de Brasil puso en marcha la

Operación Acogida (*Operação Acolhida*), una operación federal interinstitucional en la que participan las Fuerzas Armadas, los servicios gubernamentales y organizaciones internacionales como ACNUR y la OIM, para gestionar los flujos sin precedentes de venezolanos en el principal punto de entrada en Roraima. La Operación Bienvenida significaba que las personas que llegaban a Roraima podían hacer fila para solicitar el estatuto de refugiado, pedir permisos de permanencia, vacunarse y ser asignadas a un alojamiento oficial. En este contexto, la Operación Acogida fue diseñada con el fin de ofrecer apoyo humanitario y proporcionar orden y control. Esta operación combina tres pilares principales: i) asegurar el orden en la frontera; ii) asegurar el alojamiento en las ciudades fronterizas, incluyendo alimentos, educación, salud y protección social para los venezolanos a su llegada; y iii) la reubicación voluntaria a otras zonas de Brasil como una forma para reducir las tensiones locales y manejar la crisis (Moulin y Magalhães 2020). Sin embargo, el creciente número de personas también puso a prueba la capacidad de alojamiento. En efecto, UNICEF (2021) estimó que más de 2000 migrantes, de un total de 19 000 personas que viven en Pacaraima, estaban viviendo en las calles a la espera de documentación, una situación no vista desde los momentos más agudos del flujo migratorio venezolano en 2017 y 2018, y que se multiplicó 15 veces entre junio y agosto de 2021, tras la reapertura de las fronteras cerradas en marzo de 2020.

Los servicios locales se encontraban bajo presión y los mercados laborales de Roraima eran incapaces de absorber a los recién llegados. Por lo tanto, las tensiones aumentaron y, en ocasiones, provocaron brotes de violencia (Moulin y Magalhães 2020). Por ejemplo, en agosto de 2018, cientos de residentes locales se reunieron en torno al campo de refugiados, burlándose de sus habitantes y quemando sus pertenencias (La Opinión 2018). En algunas ocasiones, la violencia fue ejercida por las mismas instituciones que supuestamente estaban allí para proteger, como la Policía Federal. Los policías federales entraron en albergues independientes gestionados por organizaciones religiosas, como la *Pastoral do Migrante*, en busca de migrantes "indocumentados" para deportarlos. La coordinadora de un albergue que sólo da refugio a mujeres, niños y niñas migrantes venezolanos afirmó que la "policía entró armada y sin ninguna orden judicial que autorizara ese tipo de acción" (ver también Fernandes y Oliveira 2021).

Otros ejemplos de la violencia que enfrentan las mujeres y niñas se relacionan con violencia doméstica, infligida por parte de sus parejas y violencia en los albergues, en donde muchas de ellas expresaron que se sienten inseguras. Una entrevistada recordó el "feminicidio" de una mujer que conoció en un albergue, que no tenía conexiones familiares ni una red social en Brasil. Las redes sociales fracturadas pueden tener un impacto aún mayor sobre la seguridad de las mujeres desplazadas. Por ejemplo, una participante mencionó la violencia física que sufrió en manos de su pareja durante seis años, al tiempo que se sentía incapaz de dejarle porque "no tiene a nadie aquí en Brasil" (Flavia, Manaos, 7 de mayo de 2021).

Como explora Wolf (2020) en su análisis sobre las mujeres venezolanas en Colombia, la hipersexualización, el acoso, el abuso sexual y la explotación que violan comúnmente los derechos de las mujeres migrantes están arraigados en el conservadurismo persistente y las actitudes patriarcales hacia las mujeres, la sexualidad y los roles de familia en América Latina. Estas actitudes crean barreras para la integración de las migrantes en sociedades nuevas y limitan la forma en que se entiende y ejerce en la práctica el deber de los Estados y organismos estatales de proteger a mujeres y niñas (también Riggirozzi 2020).

Barreras y factores determinantes de la salud, y los derechos sexuales y reproductivos en el desplazamiento

Como se discutió en los capítulos 1 y 3, los marcos internacionales han sido importantes para incluir el derecho a la salud de los migrantes en la agenda mundial. Los Estados tienen el deber de respetar y garantizar el derecho a la salud sin discriminación a todas las personas que se encuentren dentro de sus fronteras. Restringir el acceso a la atención médica a las poblaciones debido a su estatus legal es una violación de las normas internacionales de derechos humanos. Hennebry y Petrozziello (2019: 124–9) sostienen, sin embargo, que "los Estados no cumplen con las propuestas que garantizan el acceso de las personas migrantes y refugiadas a servicios de atención médica con perspectiva de género, ... especialmente en relación con la atención de la salud sexual y reproductiva, cuidados pre y postnatales, servicios para infecciones de transmisión sexual y atención especializada para sobrevivientes de violencia sexual".

Por lo tanto, si bien la salud de los migrantes, particularmente mujeres y niñas, se ha incorporado en los marcos internacionales, aún existen retrasos y lagunas en cuanto a la operacionalización del lenguaje en torno a los migrantes, la respuesta en cuestiones de género, y los sistemas de protección efectivamente fundamentados a nivel nacional para permitir la realización de los derechos, las libertades y la dignidad de todos los migrantes, en particular de mujeres y niñas desplazadas. Desde esta perspectiva y en base al caso de las mujeres y niñas venezolanas desplazadas, se identifican retrasos y lagunas en la protección que actúan como barreras para la satisfacción de las necesidades y derechos de salud, particularmente en materia de salud sexual y reproductiva, y para el logro de la salud y la equidad (global y nacional).

La primera barrera se relaciona con las condiciones del viaje y los desafíos que enfrentan las mujeres y niñas en el camino y a su llegada a los lugares de acogida. La migración masiva de venezolanos, compuesta cada vez más por mujeres, jóvenes embarazadas y madres con bebés o niños pequeños, encara viajes difíciles agravados por los riesgos de violencia sexual, malnutrición, hambre y sed, especialmente para quienes viajan por vías irregulares "que a menudo quedan traumatizados" (Jovana, Manaos, 10 de junio de 2021).

Las fronteras y los controles fronterizos también son determinantes de riesgos para la salud y la satisfacción de los derechos desde una perspectiva de género. La forma en la que las mujeres y niñas migrantes llegan determina quién o qué institución las recibe (si es que lo hacen), qué información y orientación obtienen, si se les explica la documentación que necesitan para acceder a albergues y al sistema de salud. Su estatus legal puede influir aún más en sus oportunidades de disfrutar del derecho a la salud y vivir su vida con dignidad. Las ciudades fronterizas son espacios críticos que pueden ofrecer oportunidades para la inclusión o crear brechas en términos de la información sobre la documentación necesaria para acceder a los albergues y al sistema de salud universal. Si los migrantes no entran por un cruce oficial, es probable que no reciban la información disponible sobre albergues, servicios de atención médica y derechos. En consecuencia, las mujeres y niñas migrantes se vuelven invisibles para los sistemas de protección establecidos, caen en las grietas de dichos sistemas y lo más probable es que acaben dependiendo de redes ilegales de explotación y control, y se enfrentan a una nueva escala de riesgos de género, daños, relaciones abusivas y una espiral interminable de negación de derechos.

Una segunda barrera para el cumplimiento de los derechos y el derecho a la salud se relaciona con el tiempo. El tiempo que pasan en la calle esperando ser albergadas, recibir información y documentación, ser legalizadas, a encontrar un trabajo, esperando el acceso a la atención médica, tiempo en la calle durante el día porque las migrantes deben salir de los albergues nocturnos, etc. Estos son todos factores interrelacionados y de género que crean situaciones de riesgo, impotencia e indignidad para las mujeres y niñas migrantes (Roth 2021). Esto es aún más problemático para aquellas migrantes que entran en el país a través de rutas irregulares porque tienen más probabilidades de estar indocumentadas y, por tanto, de ser invisibles para el sistema. La información es accesible y se facilita sobre todo a través de las operaciones oficiales, así como en los centros de acogida.

Existe una tercera barrera que es más estructural y se relaciona con las condiciones de los albergues. Los albergues, como aquellos operados por las fuerzas armadas brasileñas, o el alojamiento de emergencia en hoteles proporcionados en Colombia pueden mitigar algunas de las necesidades inmediatas experimentadas por los venezolanos al proporcionar alojamiento temporal, alimentos e información sobre el acceso a servicios de salud. Sin embargo, hay una serie de vulnerabilidades estructurales de género vinculadas a instalaciones peligrosas, alojamientos inapropiados y hacinados que crean y reproducen situaciones de indignidad y daños a la salud (física y mental) de las mujeres y niñas migrantes.

Algunos casos reportaron "infecciones urinarias debidas a las condiciones en los baños", la falta de privacidad y seguridad, y una incomodidad general al dormir en "delgadas esteras en el piso", en particular en los albergues construidos en la terminal de buses en Manaos, que funcionan únicamente durante la noche. La falta de privacidad es un problema para las niñas adolescentes ya que pueden sentirse incómodas al tener que cambiar sus toallas sanitarias durante la menstruación en baños comunales, sobre todo porque se les anima a usar y limpiar copas menstruales, a menudo proporcionadas por organizaciones internacionales. Como reporta el Fondo de Población de las Naciones Unidas (UNFPA, 2018), la falta de albergues, o los albergues y campamentos hacinados y con pocos recursos, donde las mujeres tienen que compartir baños escasamente iluminados, aumentan el riesgo de violencia de género, incluida la violencia sexual. Muchas de nuestras entrevistadas consideran que los albergues y el alojamiento temporal en hoteles no ofrecen un entorno en el que puedan vivir una vida libre de violencia, especialmente en aquellos albergues nocturnos que se habilitan sólo para dormir en las estaciones de buses, y sobre todo en el caso de las migrantes transexuales. Por ejemplo, Ingrid, una mujer trans entrevistada en Manaos, recordó:

> "No fue fácil aquí en Brasil desde que llegué. Primero estaba durmiendo a la intemperie y luego fui a un albergue nocturno. Yo sufrí un poco, fui abusada, [en alusión a los hombres del albergue] me cortaron el pelo a la fuerza y me abusaron sexualmente. La verdad es que no ha sido fácil". (5 de julio de 2021)

La pobreza es otra barrera para el goce del derecho a la salud. Las mujeres y niñas migrantes que son únicas y/o principales cuidadoras a menudo deben priorizar la salud y el bienestar de sus hijos e hijas o de quienes están bajo su cuidado por encima de los suyos propios. En particular, los riesgos para la salud a consecuencia del agotamiento y del hecho de estar atrapadas en un ciclo de pobreza se ven aumentados por las condiciones de cuidado que experimentan las mujeres migrantes. La prestación de cuidados está íntimamente ligada al acceso a un trabajo decente. Muchas mujeres expresaron su incapacidad para acceder a trabajos dignos y formales ya que no encontraban a alguien que cuidara de sus hijos mientras trabajaban. Debido a esto, no podían trabajar o se llevaban a sus hijos a lugares de trabajo informales. Estas condiciones socioeconómicas influyen directamente en la experiencia de integración y bienestar de los migrantes y por ende en su salud.

Además, existe el riesgo de que las mujeres migrantes que viven en la pobreza sean explotadas sexualmente, dadas las necesidades urgentes, como el hambre y la falta de vivienda, que enfrentan con sus familias. La violación y la explotación sexual aumentan la exposición a riesgos para la salud y la seguridad, como embarazos no deseados, abortos inseguros, enfermedades de transmisión sexual, así como la trata de personas y otras formas de violencia. Se necesitan políticas específicas para mejorar el acceso de las mujeres migrantes a empleos formales, así como políticas que hagan cumplir efectivamente la ley contra la violación y la explotación sexual de mujeres y adolescentes migrantes. De lo contrario, se corre el riesgo de que las mujeres migrantes queden atrapadas en una pobreza prolongada a través de ciclos de relaciones casuales, informales o de explotación, incluidas las del trabajo y el desempleo.

Muchas entrevistadas expresaron que el idioma también afecta la capacidad para buscar, comunicarse y relacionarse adecuadamente con los servicios de salud. La realidad de las barreras del idioma es un impedimento adicional a la capacidad de buscar y acceder a la atención médica adecuada y, en algunos casos, es un ejemplo de discriminación institucional e interpersonal. Esto es particularmente difícil para las víctimas de la violencia que tal vez no puedan acceder a los servicios de salud y apoyo o, si lo hacen, pueden sentirse incómodas al tener que revelar situaciones de indignidad a las autoridades o profesionales de la salud a través de un traductor.

Finalmente, como se exploró en el Capítulo 3, diferentes marcos legales determinan quién tiene derecho a la atención médica en situación de desplazamiento. En efecto, existen determinantes legales de la salud que podrían actuar como barreras para la provisión del derecho a la salud de las mujeres y niñas desplazadas forzosamente, sus estados de salud y la equidad. Usamos el término determinantes legales de la salud porque, como proponen Gostin *et al.* (2019), demuestra el poder de los marcos legales y normativos tanto para estructurar prácticas en y entre las sociedades en relación con el tratamiento y el derecho de los migrantes, como para corregir causas sociales y económicas de enfermedad y daño físico y/o psicológico para quienes los estándares necesarios de protección de la salud durante el tránsito y en los países de residencia se reducen a un estatus legal.

Por lo tanto, proponemos que el nexo entre migración forzada, salud y género se defina por un conjunto de desafíos a los que se enfrentan las mujeres y niñas a lo largo del ciclo de desplazamiento y que están relacionados con privaciones, traumas y violencias, así como con las dificultades para acceder a la asistencia de salud pública durante el viaje y en los lugares de residencia. En la figura 4.1 se identifica este nexo.

Muchos riesgos y necesidades de salud se ven exacerbados a la llegada y durante el asentamiento de las mujeres y niñas desplazadas, cuando encuentran muchas barreras para el acceso a la atención médica y el goce del derecho a la salud. Esto, a su vez, inhibe la capacidad de las mujeres y niñas desplazadas para integrarse en nuevas sociedades y desarrollar una vida sana, autónoma y digna. En nuestra evaluación, muchas de las necesidades de SSR durante el desplazamiento, y como resultado de este, se convierten en necesidades insatisfechas debido a las barreras que afectan el disfrute de los derechos de salud de los migrantes y de las mujeres y niñas migrantes en particular. Las barreras y sus consecuencias no solamente son determinantes de necesidades de salud insatisfechas, sino que además crean las condiciones que reproducen más vulnerabilidades y riesgos para la salud (sexual y reproductiva). Esto se resume en la figura 4.2, donde también identificamos cómo las consecuencias de las barreras causan graves daños, creando, intencionadamente o no, obstáculos para la consecución de los derechos humanos de los migrantes, incluido el derecho a la salud.

La evaluación realizada en capítulos anteriores acerca de los riesgos de género, las necesidades de SSR, las barreras para acceder a los servicios de salud y la protección de las mujeres y niñas durante el desplazamiento en el contexto de las leyes migratorias y la gobernanza sugiere que existen al menos cuatro escenarios probables que afectan al ejercicio del derecho a la salud (y

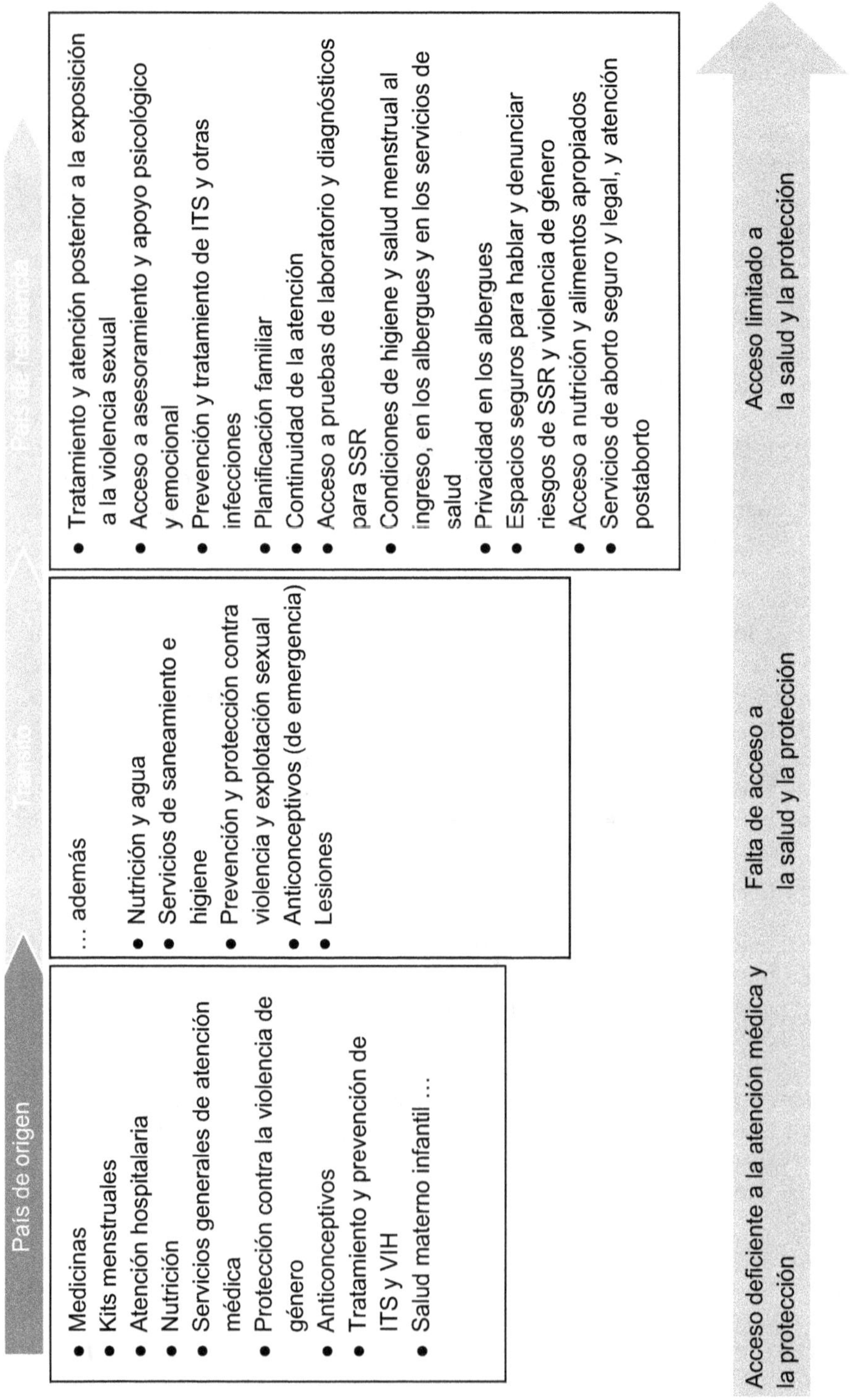

80 MIGRACIÓN FORZADA, DERECHOS HUMANOS Y SALUD SEXUAL Y REPRODUCTIVA

País de origen

- Medicinas
- Kits menstruales
- Atención hospitalaria
- Nutrición
- Servicios generales de atención médica
- Protección contra la violencia de género
- Anticonceptivos
- Tratamiento y prevención de ITS y VIH
- Salud materno infantil ...

Tránsito

... además

- Nutrición y agua
- Servicios de saneamiento e higiene
- Prevención y protección contra violencia y explotación sexual
- Anticonceptivos (de emergencia)
- Lesiones

País de residencia

- Tratamiento y atención posterior a la exposición a la violencia sexual
- Acceso a asesoramiento y apoyo psicológico y emocional
- Prevención y tratamiento de ITS y otras infecciones
- Planificación familiar
- Continuidad de la atención
- Acceso a pruebas de laboratorio y diagnósticos para SSR
- Condiciones de higiene y salud menstrual al ingreso, en los albergues y en los servicios de salud
- Privacidad en los albergues
- Espacios seguros para hablar y denunciar riesgos de SSR y violencia de género
- Acceso a nutrición y alimentos apropiados
- Servicios de aborto seguro y legal, y atención postaborto

Acceso deficiente a la atención médica y la protección → Falta de acceso a la salud y la protección → Acceso limitado a la salud y la protección

Figura 4.1 Riesgos y necesidades en la salud sexual y reproductiva durante y por el desplazamiento

LA PROTECCIÓN DEL DERECHO HUMANO A LA SALUD   81

DISCRIMINACIÓN
Afecta la busqueda y solicitud de atención; violencia obstétrica; violencia institucional e interpersonal; estigma; estrés psicológico

FACTORES INSTITUCIONALES
Profesional de salud inapropiado y insensible; prácticas discriminatorias; carencia de políticas apropiadas para población LGBTQI+; tratamientos físicos y psicológicos interrumpidos; falta de políticas de cuidados; carencia de disponibilidad de productos menstruales; carencia de espacios seguros; mecanismo inadecuado de retroalimentación; burocracia

POBREZA
Opciones restringidas; desamparo; sexo transaccional/ de sobrevivencia; explotación; tráfico; limitada provisión de cuidados; asequibilidad a salud (medicinas, transporte)

IDIOMA
Carencia de acceso a servicios de salud; mal entendimiento del tratamiento; discriminación; dependencia; carencia de voz

TRABAJO PRECARIO E INFORMAL
VBG; inseguridad de género; acoso; carencia de acceso a servicios; carencia de derechos de trabajo; explotación laboral y sexual; desempleo; agotamiento mental y físico

INSENSIBILIDAD CULTURAL
Discriminación; violencia institucional y obstétrica; separación familiar; carencia de medicina y comida tradicional; cuidado de salud de niños y maternal inadecuado

SITUACIÓN LEGAL/ MODALIDAD DE VIAJE
Discriminación; estigma; deportación; VBG por 'violencia de género'; SSR (salud sexual y reproductiva); embarazos no deseados; acceso limitado a servicios de salud adecuados; violencia institucional; separación familiar; carencia de información en servicios de shrh

CARENCIA DE INFORMACIÓN
Acceso limitado a servicios de salud adecuados; anticonceptivos; productos de higiene menstrual; continuidad de tratamiento; limitacion para buscar y alcanzar cuidado de salud y documentación

CUIDADO EXCLUSIVO
Violencia de género; acoso; abuso; tiempo limitado para buscar cuidado de salud; repriorización de necesidades; estigma

NECESIDADES (INCUMPLIDAS) SSR

CUIDAD DE ORIGEN	TRÁNSITO	CIUDAD DE RESIDENCIA
• Medicamentos • Kits menstruales • Cuidado de hospital • Nutrición • Servicios de cuidados generales • Protección en contra de la violencia de género • Anticonceptivos • Tratamiento y prevención de its y vih • Cuidado de salud materno infantil	• Nutrición y agua • Servicios de sanidad e higiene • Anticonceptivos • Protección y prevención de explotación sexual • Tratamiento y prevención de its y vih • Cuidado de salud materno infantil • Apoyo psicológico y de trauma	• Tratamiento posterior a violencia sexual y apoyo psicológico y de cuidado • Prevención y tratamiento de its y otras infecciones • Organización familiar • Continuidad de tratamiento • Acceso a laboratorio y diagnósticos • Acceso a consejo y apoyo psicologico y emocional	• Condiciones de higiene y salud menstrual al de ingreso, en refugio, y en servicios de salud disponibles • Privacidad en refugios • Espacios seguros para hablar acerca de ssr y violencia de género • Servicios shr culturalmente sensibles • Acceso apropiado a nutrición y comida • Servicios de aborto seguros y cuidado posterior a un aborto

BARRERAS DE ACCESO A SERVICIOS DE SSR Y A DERECHOS. + Y CONSECUENCIAS

Figura 4.2 Barreras al acceso a servicios y derechis de salud sexual y reproductiva
Fuente: Riggirozzi *et al.* (2023)

Tabla 4.1 Escenarios clave en los que se fundamenta la desigualdad sexual y reproductiva de las mujeres desplazadas

Escenarios clave en los que se fundamenta la desigualdad (SSR)	Citas de mujeres desplazadas
1. Falta del derecho a la atención médica (salvo urgencia)	"Porque somos migrantes, yo siento que tenemos menos derechos a acceder a (https://www.rae.es/dpd/acceder) ciertos servicios, porque no tenemos los papeles en regla … Siento que cuando uno desconoce a lo que tiene derecho es más fácil tener miedo y no buscar asistencia médica.
	No sé si el hospital me va a deportar o si me voy a terminar metiendo en problemas. … A veces [los proveedores] nos dicen que no nos atenderán porque no tenemos los documentos correctos". (Ana, Bogotá, 19 de agosto de 2021)
	"Hace dos o tres semanas una niña venezolana que conozco tenía dolor en sus riñones, un dolor terrible … y fue al hospital dos veces y no la atendieron, entonces yo le dije que fuera a la farmacia, pero necesitaba pagar por el tratamiento. Ahí fue cuando ella comenzó a mejorar. … Aquí el no tener los papeles en regla, no tener nada, le quita posibilidades a los migrantes de ser atendidos en los servicios de salud". (Nancy, Bogotá, 12 de agosto de 2021)
	"Honestamente sí, creo que los migrantes se abstienen de buscar atención médica cuando están irregulares porque, o sea, tienen mucho miedo, ¿me entiendes? Por eso, porque somos inmigrantes, siempre hay rechazo, siempre … todos los venezolanos hemos sufrido un rechazo". (Carla, Bogotá, 19 de agosto de 2021)
2. Tener derechos formales, pero carecer de documentos y/o recursos para acceder a la atención médica	"También me dijeron que necesitaba traer un documento [que no tenía] para que me viera el ginecólogo o para que me hicieran un escáner o algo así. Me decían que volviera a cierta hora, lo hacía, y al final nunca conseguía la cita". (María, Manaos, 23 de mayo de 2021)
	"El mayor desafío es la documentación. Hay una regla que dice que si no tiene sus documentos, no tiene nada y nadie le verá. Solo con la tarjeta sanitaria se le puede atender. Así que este es uno de los primeros desafíos para los migrantes en Brasil". (Jésica, Manaos, 9 de junio de 2021)
	"Tengo algunos problemas en las piernas, pero nunca he podido programar una cita porque siempre me la niegan. No entiendo. Parece que tengo que mostrarles algo. He traído las pruebas que me hice en Venezuela, pero aquí no parecen tener ningún valor". (Bruna, Manaos, 22 de junio de 2021)

(Continued)

Tabla 4.1 Continued

Escenarios clave en los que se fundamenta la desigualdad (SSR)	Citas de mujeres desplazadas
	"Como mujer sola … uno se siente muy vulnerable … en cuanto a protección o apoyo a la salud, no hay apoyo a menos que te estés muriendo. Si no tienes dinero para comprar analgésicos vas a sentir dolor, porque en los albergues no te los dan". (Patricia, Manaos, 4 de junio de 2021)
	"Caminé mucho para saber dónde estaba el servicio de salud más cercano, caminé casi dos horas con mi hijo en brazos, para llegar al puesto de salud. Allí llegué y presenté mi cédula de identidad y acta de nacimiento, y me dieron mi tarjeta sanitaria y la de mi hijo. No tenía dinero para pagar el transporte para ir". (Eliane, Manaos, 24 de junio de 2021)
	"La primera vez que fui a los servicios de salud no tenía la tarjeta sanitaria, así que me rechazaron … me dijeron 'no, no podemos ayudarte sin la tarjeta sanitaria'. Así que me pidieron la tarjeta. La tarjeta llegó como un mes después, porque allí todo iba lento, pero al menos llegó". (Mirza, Manaos, 30 de junio de 2021)
3. Tener derechos formales y capacidad parcial para acceder a la atención médica pero enfrentarse a barreras culturales y de idioma	"El idioma, el idioma es un impedimento para todo, bueno, porque uno quiere expresar su dolor, quiere expresar lo que siente y muchas veces la gente no entiende, entonces uno se frustra … el idioma y no tener los recursos financieros son las mayores barreras". (Patricia, Manaos, 4 de junio de 2021)
	"Algunos venezolanos me dicen que los tratan mal en las unidades de salud porque no hablan portugués … y por eso los brasileños hacen lo que quieren con los venezolanos." (Marcia, Manaos, 10 de junio de 2021)
	"Debido al idioma, la mayoría de ellos [proveedores de servicios de salud] no te hacen sentir cómodo diciéndoles muchas cosas. Gracias a Dios que ya sé expresarme mejor, al principio fue peor". (Bruna, Manaos, 22 de junio de 2021)
	"Algunos proveedores de servicios de salud pueden no tener paciencia … siendo venezolano lo tratan de forma despectiva, no tienen paciencia para explicarnos, no les interesa aprender el idioma español, nos obligan a aprender portugués". (Luisa, Manaos, 29 de junio de 2021)

(Continued)

Tabla 4.1 Continued

Escenarios clave en los que se fundamenta la desigualdad (SSR)	Citas de mujeres desplazadas
4. Tener derechos formales y al menos capacidad parcial para acceder a la atención médica, pero enfrentarse a la falta de respeto, misoginia y actitudes paternalistas por parte de profesionales.	"Porque en Boa Vista el sistema de salud no me ayudaba, más bien me ignoraba, tenía que seguir adelante, para poder lograr lo que buscaba, que es mi operación". (Marcela, Manaos, 8 de junio de 2021) "Sinceramente no me gusta ir al médico aquí, porque cuando lo hago le pregunto a muchos proveedores de salud a dónde debo ir, me dicen que debo ir a un lugar X ... cuando llego me mandan a otro lado y una y otra vez. ... al final nunca recibo la ayuda". (María, Manaos, 23 de mayo de 2021) "... cuando me dolía mucho la barriga ... entonces tenía que andar y andar porque me dolía, me dolía mucho. ... No sabía cómo son las cosas aquí en Brasil, tenía miedo. Me dijeron que cuando vas a parir, 'primero tiene que salir líquido', tiene que romper el agua para que puedas parir. ... Sí, me dijeron ... 'aquí no es como en Venezuela, aquí es diferente, porque aquí en Brasil primero tienen que romper aguas para poder parir ... entonces hay que esperar'. No sabía, me dolía alrededor [de mi cintura]. Yo tenía que caminar, me mandaron a caminar ... y esperé y esperé, todo para poder que rompiera aguas". (Alenia, Manaos, 21 de agosto de 2021)

otros derechos) y que, si no se abordan, reproducirán las desigualdades de género para los desplazados forzosamente.

Basándonos en lo anterior, presentamos una afirmación más: las necesidades y los derechos de salud deficientes e insatisfechos, en particular los relativos a la SSR, consolidan aún más las desventajas y desigualdades de las mujeres y niñas desplazadas, inhibiendo su potencial para llevar una vida sana y segura, y participar en elecciones autónomas con respecto a su entorno social y económico inmediato, así como a su futuro.

¿Quién debe proteger? ¿De quién es la responsabilidad de proteger a las mujeres y niñas desplazadas, en particular a las que han tenido que huir de su país de origen y llegan con necesidades que han surgido a causa de su desplazamiento? ¿Cómo debemos pensar lo que las mujeres y niñas desplazadas tienen derecho a recibir en términos de protección y salvaguarda de su derecho humano a la salud?

Conclusión

El proceso de desplazamiento es un factor determinante de la salud (sexual y reproductiva) de las mujeres migrantes. En muchos casos, como en el de las mujeres venezolanas desplazadas enfrentan una falta de cumplimiento de sus derechos a la SSR. En este capítulo nos hemos centrado principalmente en este elemento con una dimensión de género para entender los efectos del desplazamiento forzado sobre la SSR y los retos que esto plantea.

Este capítulo aborda esta cuestión analizando las experiencias vividas por mujeres y niñas desplazadas de Venezuela con el fin de contextualizar los sistemas de protección existentes, construidos en torno a la distinción migrante-refugiado, y que, por lo tanto, estructuran un acceso diferenciado a derechos en Brasil y en Colombia, lo que, como argumentamos, tiene efectos (de género) sobre el acceso de las mujeres desplazadas a la atención y protección de la SSR. El análisis detallado de los riesgos y desafíos en materia de SSR a los que se enfrentan las mujeres y las niñas desplazadas, y a causa de dicho desplazamiento, y el continuo que vemos desde el lugar de origen hasta el de residencia, ofrece una oportunidad para evaluar las respuestas y las "brechas de protección" que surgen en las formas en que se interpretan y aplican los marcos normativos y las políticas, lo que afecta las respuestas y la prestación de servicios y constituye, por lo tanto, otra fuente de vulnerabilidad sanitaria para las mujeres migrantes. Al centrarse en la experiencia vivida por las desplazadas por necesidad, también se presta atención a la protección y el cuidado social de las migrantes y a las desigualdades de género que siguen limitando las libertades de mujeres y niñas a pesar de los marcos legislativos para abordar la violencia contra las mujeres, los avances en la educación de las mujeres y la participación económica, social y política.

La violencia de género, la violencia sexual, la pobreza, las inseguridades y barreras para acceder a los servicios y derechos afectan a las mujeres y niñas en los ámbitos doméstico y público, y son consecuencias claras de las desigualdades e injusticias de género persistentes en la migración. Partiendo de estas injusticias y abordando las necesidades de género en relación con la SSR de las mujeres y las responsabilidades de los Estados y los organismos internacionales de proporcionar protección, en este capítulo se ha evaluado la aplicación de los estatutos de refugiado y migrante en términos de si abordan las necesidades de protección de la población móvil femenina y sus derechos relacionados con la SSR.

Se expone cómo los diálogos políticos deficientes y los marcos normativos desprovistos de derechos, lenguaje y perspectivas de género limitan la protección, a pesar de la legislación progresista y los programas humanitarios que responden a las emergencias, no reparan las injusticias migratorias ni asumen la responsabilidad compartida de proteger a las personas en movimiento. Las consecuencias, como hemos demostrado, son necesidades insatisfechas en materia de salud y sistemas generales que fallan a las mujeres y niñas migrantes (aunque sea involuntariamente) y que crean espacios que producen riesgos diferenciales en la movilidad y el asentamiento, todo ello agravado por desigualdades entrecruzadas exacerbadas por políticas y respuestas institucionales excluyentes.

El siguiente capítulo parte de esta base e investiga la importante cuestión de quién es responsable de garantizar la protección de los derechos de SSR de las mujeres desplazadas. Al responder esta pregunta, se propone una reconceptualización de migrantes forzadas como desplazadas por necesidad y se evalúan las implicaciones para la distribución de responsabilidades y las formas de protección que se les deben.

CAPÍTULO CINCO
Responsabilidad y ética del desplazamiento forzado en América del Sur

Nuestro análisis empíricamente fundamentado sobre las bases sociojurídicas de la protección y el acceso seguro a los derechos de SSR de las mujeres y niñas venezolanas desplazadas destaca una serie de obstáculos que afectan el goce de sus derechos y, en general, el reconocimiento de su dignidad. En este capítulo, se abordan los requisitos de protección de los derechos de SSR y de su goce, y se ofrece un análisis de la distribución de la responsabilidad para asegurar dichas condiciones. Comenzamos retomando los desafíos que enfrentan las mujeres desplazadas en tránsito, en lugares de refugio inmediato y en asentamientos, para luego situarlos en el marco de "desplazados por necesidad" y en los principios fundamentales de protección que este abordaje establece. A continuación, se realizan reflexiones abstractas y generales sobre la responsabilidad, contextualizadas en relación al desplazamiento venezolano. Se hace una distinción entre los diferentes roles y responsabilidades de una serie de actores que abarcan agentes gubernamentales y no gubernamentales, así como las propias mujeres y niñas desplazadas. Finalmente, situamos el análisis sobre protección y responsabilidad dentro de un marco más amplio de justicia y desarrollo dando respuesta a las condiciones que generan el desplazamiento por necesidad.

Brechas de protección y obstáculos para el goce de los derechos

Dadas sus razones apremiantes para huir, las mujeres y niñas venezolanas enfrentan el desafío inicial de cruzar la frontera hacia un país vecino como sitio de refugio inmediato. El paso a través de la frontera es importante en dos aspectos diferentes pero relacionados. El primero, es que las diferentes modalidades de paso pueden involucrar niveles muy diferentes de riesgo, y especialmente de riesgos con perspectiva de género que implican la violencia y agresión sexual. El segundo, es que la forma de entrada puede afectar de manera significativa el estatus legal asignado a aquellos que huyen, lo cual afecta su habilidad para acceder a derechos, como aquellos relacionados con SSR. La relación entre estos dos aspectos es que las políticas fronterizas del Estado de destino pueden obligar de hecho a que algunos desplazados tomen rutas irregulares para cruzar la frontera cuando están cerradas para todos (por ejemplo, durante la pandemia) o para aquellos con razones justificadas para huir, pero que, por ejemplo, carecen de los documentos exigidos. como el pasaporte, o cuyas solicitudes no se ajustan a la Convención de 1951. Este es uno de los factores determinantes de su situación regular, o irregular, una vez que hayan cruzado la frontera.

En lo que devino una pandemia global de exclusiones, dado que los Estados cerraron sus fronteras a migrantes (en contra del consejo de la OMS) ante la propagación del virus COVID-19, los solicitantes de asilo fueron una de las víctimas a escala mundial (Lenard 2020), a menudo con efectos devastadores. El cierre de las fronteras no detiene el movimiento de personas, simplemente aumenta el peligro para ellas. En el contexto venezolano, esto quiere decir, en primer lugar, que aquellos desplazados por necesidad tuvieron que emprender viajes por *trocha*, lo que empoderó a bandas de traficantes en el control de un negocio lucrativo con el efecto predecible (incluso generando conflictos entre rivales) (Collins 2021), como lo atestiguan mujeres y niñas, de un aumento significativo en la explotación, las agresiones y la violencia sexuales. En segundo lugar, los desplazados por necesidad fueron consecuentemente posicionados como inmigrantes irregulares e indocumentados, exacerbando, en consecuencia, vulnerabilidades concomitantes.

Una vez que las mujeres y niñas venezolanas han llegado a un Estado de primer refugio enfrentan desafíos adicionales relacionados con su salud sexual y reproductiva. Como se demostró anteriormente, algunos de estos desafíos pueden ser el producto de los estatus migratorios que, en la práctica, obstaculizan el acceso y el ejercicio de sus derechos sexuales y reproductivos en forma de acceso a servicios médicos, así como el disfrute de unas condiciones de seguridad razonables frente a la exposición a la explotación, agresiones y violencia sexual. Otros desafíos pueden ser el producto de condiciones generalizadas, como, por ejemplo, la capacidad de protección en lugares de residencia temporal, o la falta de voluntad por parte del gobierno municipal, provincial o nacional para proporcionar el grado de protección necesario. También existen cuestiones más específicas relacionadas con problemas de, por ejemplo, alojamiento inseguro, falta de sensibilidad de género o cultural en la prestación de servicios de salud y refugio, acceso limitado al empleo oficial (a menudo relacionado con la falta de guarderías para el cuidado de dependientes) y hostilidad local hacia los desplazados por necesidad. En informes recientes, se acredita como la xenofobia se ha visto en aumento en el contexto de la pandemia. Amnistía Internacional (2022:29) destaca el fracaso continuo por parte de países como Colombia y Perú de "proporcionar la protección adecuada para las mujeres, quienes a menudo enfrentan violencia física y sexual en sus hogares, pero además la explotación en el trabajo, incluida la cooptación para la explotación sexual", señalando que a pesar de "los altos niveles de subregistro, los casos de VG [violencia de género] aumentaron en un 71 por ciento entre 2018 y 2021 en Colombia".

También existe un riesgo consecuente asociado a la falta de protección o a una protección inadecuada, que genera barreras para la integración en la sociedad. CARE (2020: 29) informó que la integración de los migrantes y refugiados venezolanos, en particular los que (se considera que) están en situación irregular, es limitada y lenta en Colombia y en otros países de

América del Sur. En gran medida, esto se debe a la xenofobia que también limita el acceso a los servicios básicos, como la vivienda, el empleo y la justicia. Esto se ve agravado en el caso de las mujeres y niñas adolescentes debido a los altos niveles de estigma y una percepción hipersexualizada que las hace particularmente vulnerables a la violencia y explotación sexual. Muchas mujeres entrevistadas en Colombia nos contaron cómo algunos hombres colombianos les ofrecieron alojamiento, muchas veces en hoteles. En muchas ocasiones, esto condujo a situaciones de servidumbre doméstica, incluida la esclavitud sexual. Otras enfrentaron acoso u ofertas de trabajo a cambio de favores sexuales. Con frecuencia, las mujeres que trabajan en bares y salones de masajes son tratadas como objetos sexuales. Muchas otras son forzadas o coaccionadas para participar en sexo transaccional o de supervivencia. CARE (2020) también informó que en Ocaña, Norte de Santander, en Colombia, el 90 por ciento de las trabajadoras sexuales eran venezolanas y que a menudo carecían de documentación. Muchas entrevistadas en Brasil y Colombia reportaron altos niveles de acoso por parte de hombres en la calle. También se encontró que las mujeres en situaciones de empleo precario, especialmente aquellas con un estatus irregular, se enfrentan con frecuencia a una paradójica "opción" entre mantener sus puestos o sufrir abusos y acoso. Sin trabajo, las mujeres migrantes en Brasil se vuelven aún más dependientes de programas humanitarios. Algunas acudían a "refugios nocturnos", instalaciones para dormir en las noches situadas en estaciones de buses, que las entrevistadas consideraron muy inseguras para mujeres y niñas, especialmente para transexuales. Una entrevistada explicó cómo abusaron de ella cerca de la estación de buses donde pasaba las noches, lo que le hizo "elegir" irse a la calle.

La responsabilidad de proteger no es solo una cuestión de abordar la protección en forma de campañas de salud o de alojamiento, lo cual es fundamental para satisfacer los derechos y las necesidades de salud sexual y reproductiva, tal como se analizó en el capítulo anterior. Responsabilidad también se refiere a la necesidad fundamental de corregir los problemas sociales subyacentes, como la sexualización y el estigma, de manera que puedan apoyar la autonomía sostenible y la integración de mujeres y niñas desplazadas.

Desplazados por necesidad y principios de protección

Nuestra motivación para adoptar el marco de "desplazados por necesidad" se basa en una característica crucial ejemplificada por las experiencias de desplazados venezolanos y sus respuestas a ese desplazamiento por parte de los Estados de destino. Existe un peligro de condicionar la protección a razones específicas para el desplazamiento o a modos de entrada. Si bien puede ser el caso, como argumenta Owen (2020) y reconocen Aleinikoff y Zamore (2019), que diferentes tipos de desplazados por necesidad puedan tener derecho a diversos tipos de respuesta de protección (así, por ejemplo, aquellos perseguidos activamente por sus gobiernos pueden requerir la adhesión a un nuevo Estado de forma más inmediata que los que huyen del quebrantamiento del orden público), la forma de protección que nos interesa en este estudio se refiere a la protección general que debería estar disponible para todos aquellos que tienen razones de necesidad práctica para huir y que requieren la protección de importantes derechos humanos (como el derecho a la salud sexual y reproductiva). El acceso a dicha protección no debe depender del modo de entrada al Estado de primer refugio. Es decir, el concepto de desplazados por necesidad va más allá del binario migrante-refugiado que analizamos en el Capítulo 2 y de sus efectos relativos a jerarquías arbitrarias de acceso diferencial a derechos que están más orientadas al interés de los Estados por controlar a las poblaciones desplazadas que a la dignidad de los desplazados mismos. Esto es importante porque los diferentes estatus migratorios asignados a las desplazadas por necesidad no deben ser simplemente una función de la forma de entrada al país, o (en el contexto de la evolución de las respuestas de Brasil, Colombia y otros Estados sudamericanos al desplazamiento masivo de venezolanos) del momento de su entrada, de su posesión de (o acceso a) diversas formas de documentación y de los intereses políticos del gobierno del Estado receptor. Por el contrario, bajo un marco ético de desplazamiento por necesidad, el reconocimiento por parte de los Estados sudamericanos de que las condiciones en Venezuela equivalen a una situación de "violación grave y generalizada de los derechos humanos" establecería un criterio grupal de acceso a la protección internacional que cubriría a todos y cada uno de los y las venezolanas solicitantes de refugio, sin importar cuándo ni cómo lleguen a ese Estado de refugio inmediato. En algunos aspectos, podríamos considerar la introducción de un PEP en Colombia, en 2021 como una medida parcial hacia esta posición, aunque las mujeres venezolanas enfrenten una serie de retos para la obtención de dicho permiso. Según Amnistía Internacional (2022: 22)

> El primero está asociado a la presentación de pruebas. Dado que muchas han ingresado sin pasar por un paso fronterizo oficial, viven en condiciones precarias, no pueden inscribir a sus hijos en el sistema educativo y sólo se acercan a los servicios de salud para emergencias, les es imposible presentar un documento que pruebe que ingresaron al país antes del 31 de enero de 2021.

Cómo hemos visto, por razones políticas contingentes, Brasil también ha llegado, parcial e imperfectamente, a reconocer el reclamo general de protección de los venezolanos desplazados.

Este marco ético resalta además el concepto de desplazado por necesidad como una categoría práctica que permite organizar respuestas a contextos de desplazamiento masivo y enfatiza el deber estricto de los Estados de mantener la apertura de la frontera a quienes tienen razones de necesidad práctica para su huida. Esto es de particular importancia en aquellos contextos como el de la pandemia de COVID-19, donde los cierres de fronteras tuvieron el efecto de socavar la oportunidad de un paso (relativamente) seguro. Este punto expresa el primer principio de protección del marco de desplazado por necesidad:

Seguridad: *el derecho a acceder un lugar seguro y a no ser devuelto al peligro*. El primer punto abarca un deber de paso seguro, de manera tal que los costos del ejercicio del derecho de acceso a un lugar seguro sea razonable, mientras que el segundo debe reconocer no solo las condiciones del Estado de origen de la persona desplazada, sino también si es razonable pedirle que abandone la nueva vida que ha hecho (Aleinikoff y Zamore 2019: 56-68).

El principio de seguridad es primordial porque expresa la condición bajo la cual se hacen operativos los cuatro principios de protección siguientes. Esto se entiende como el establecimiento de una orientación fundamental para poder vivir con dignidad. Recordemos la distinción entre "respeto como observancia" y "respeto como respetuosidad" que extrajimos de Rosen (2012). La primera, aborda la dignidad de la propia persona como portadora de un estatus igual expresado en términos de derechos humanos; la segunda reconoce la dignidad de la persona que fundamenta el derecho a la igualdad de estatus. Se pueden analizar los cuatro principios adicionales de protección que buscan asegurar estas dos dimensiones de la dignidad:

Reconstrucción de vidas y comunidades: en aquellos casos en los que no haya perspectivas inmediatamente previsibles de un retorno seguro, las personas desplazadas "deben tener la oportunidad de reconstruir sus vidas y reconstituir comunidades en las que las vidas individuales tomen forma y adquieran sentido" (Aleinikoff y Zamore 2019: 69). Owen (2020) sostiene que las personas desplazadas forzosamente se caracterizan por la pérdida de la ciudadanía efectiva, es decir la pérdida de las condiciones razonables de una agencia social efectiva para las que la ciudadanía operativa debería desempeñar funciones protectoras y habilitadoras. A la impotencia social en el Estado de origen y, por lo general, también en el Estado de tránsito, se suma la desorientación social que surge con la llegada al entorno social desconocido de otro Estado. Reparar esta situación significa proporcionar un pasaje seguro a las personas en tránsito y ofrecer a los desplazados unas condiciones en las que puedan experimentarse razonablemente como agentes sociales efectivos. Entonces pueden tomar decisiones y hacer planes de futuro que no están simplemente basados en los requisitos urgentes de la necesidad práctica y que cuentan con cierta capacidad para dar forma al entorno social en el que se toman esas decisiones y se hacen planes (Owen 2020). Como señalan Aleinikoff y Zamore (2019: 75), en la práctica esto implica "que el desplazamiento constituye un desafío de desarrollo y que la ayuda al desarrollo es un componente crucial de cualquier respuesta integral", pero podemos añadir que en la medida en que las personas desplazadas son capaces de reconstruir sus vidas, también pueden actuar como agentes de desarrollo cuando se les capacita adecuadamente para hacerlo.

Soluciones: "[u]n sistema eficaz de protección internacional debe tratar de poner fin, lo antes posible, al desplazamiento y a la necesidad de protección internacional" (Aleinikoff y Zamore 2019: 76). Aleinikoff y Zamore interpretan el concepto de solución al referirse a una situación en la cual " los derechos de la Convención [de 1951] y otras normas internacionales de derechos humanos aplicables sean plenamente respetados por los Estados de acogida, incluido el principio de no devolución (de modo que no habría un retorno al peligro), cuando las condiciones económicas, sociales y políticas en los Estados anfitriones son propicias para el florecimiento humano, y cuando las personas desplazadas tienen algún tipo de derecho a permanecer en dichos Estados" (Aleinikoff y Zamore 2019: 78).

Movilidad: "[l]as personas deben tener la posibilidad de buscar protección, viajar dentro de los Estados de asilo y tener oportunidades de desplazarse a otros regímenes miembros" (Aleinikoff y Zamore 2019: 85). La concesión de documentos de identificación para viajar y el derecho presuntivo de las personas desplazadas de tener oportunidades para moverse entre los diferentes Estados que participan en el régimen de protección internacional requiere una resolución contextual, pero estamos de acuerdo con Aleinikoff y Zamore en que la movilidad como parte del respeto a la agencia de las personas desplazadas es una cuestión de importancia, tanto dentro de los Estados como entre ellos y especialmente en contextos regionales, y cuyo logro implica la colaboración entre los diferentes Estados.

Opinión (voz): las personas desplazadas por necesidad deben gozar de una opinión y voz en relación al régimen de protección al cual están sujetas, en escalas que varían entre los local y lo global. El principio democrático central es que aquellos sujetos al gobierno deben tener voz en el gobierno al que están sujetos, ya sea mediante la democratización de los campos de refugiados o la integración de las voces de los refugiados en el gobierno municipal en contextos de protección basada en la localidad o muchas otras formas posibles (Aleinikoff y Zamore 2019: 85–7). El acceso a una opinión o voz, a ser escuchado y a que las razones de uno cuenten en contextos deliberativos relativos a las normas a las que uno está sujeto, es una parte central de lo que hemos denominado "respeto como respetuosidad".

Nuestro proyecto se enfoca específicamente en las mujeres desplazadas y sus derechos a la SSR y, como tal, es pertinente reflexionar sobre estos principios de protección en relación con los derechos de SSR de las desplazadas:

- *Seguridad:* la seguridad de los derechos a la SSR en el contexto del paso seguro, de los puntos de descanso seguros y los lugares seguros de primer refugio es una parte central de lo que significa "seguridad" para las mujeres y las niñas, y plantea retos de dotación de recursos (por ejemplo, el acceso a toallas sanitarias y cuidado médico), de organización (como por ejemplo la acción colectiva de autocuidado de las mujeres migrantes), y de protección (por ejemplo, la prevención de las agresiones sexuales y la explotación). Las exigencias para garantizar la seguridad representan diferentes retos en distintos puntos de la jornada de desplazamiento que involucran a una serie de actores públicos y privados que pueden obstaculizar o garantizar la seguridad. La seguridad de los derechos a la SSR no es una parte de la seguridad en

general, sino más bien, la seguridad en general depende de la garantía de los derechos de salud SSR; la decisión de aceptar la explotación sexual a cambio de la protección de un hombre migrante o trochero, por ejemplo, indica cómo la falta de acceso a pasos seguros socava la seguridad de los derechos de SSR. Esto también es importante para la organización de sitios temporales de protección para las personas desplazadas en el Estado de acogida ya que, por ejemplo los albergues temporales como los de la estación de autobús en Boa Vista, Brasil, en donde las camas están puestas lado a lado bajo tiendas en un plan abierto, sin privacidad alguna, puede dejar a las mujeres y niñas altamente expuestas a agresiones sexuales.
- *Reconstrucción de vidas y comunidades*: el goce del derecho a la SSR forma parte de una vida próspera y, por lo tanto, el ejercer dicho derecho es unaparte fundamental del goce de una agencia social efectiva para mujeres y niñas. Sin embargo, el disfrute del derecho a la SSR se encuentra también ligado de manera importante al acceso al bienestar, la educación y el empleo, y a los derechos de participación en la comunidad local como lugares donde las mujeres y niñas pueden relacionarse entre sí y conocer a posibles parejas (hombres, mujeres u otros), así como articular y abordar preocupaciones comunes. El establecimiento de vínculos con mujeres y niñas no desplazadas en lugares de asentamiento temporal o permanente a través de grupos de mujeres, ONG, u otras formas, es una parte integral del cumplimiento de las responsabilidades a largo plazo para cultivar la confianza, superar o trabajar traumas, denunciar violencia sexual, así como garantizar la SSR como elemento constitutivo de una vida floreciente en comunidad con los demás.
- *Soluciones*: garantizar los derechos a la SSR es parte integral de las condiciones de una vida digna en los Estados de acogida.
- *Movilidad*: la movilidad intraestatal al igual que las oportunidades de desplazamiento interestatales son importantes en relación con los contextos de derechos de SSR. Es importante permitir que las mujeres y niñas puedan salir de contextos negativos de abuso o explotación, o cuando la salida se deba a (empleo o educación, entre otros) que mejoran su autonomía y bienestar y aumentan su capacidad de acceder resultados positivos para su capacidad de acceder y ejercer los derechos de SSR. La movilidad autodirigida puede cumplir funciones tanto de protección como de habilitación con respecto a los derechos de SSR.
- *Opinión y voz*: esta es una cuestión crítica para los derechos de SSR ya que es fundamental para la capacidad de las mujeres y niñas de desarrollar una consciencia colectiva de sus derechos. Tener espacios donde puedan ejercer voz también es crucial para su capacidad de informar y hacer que las agencias gubernamentales, las ONG y los proveedores de servicios de salud rindan cuentas con respecto a los derechos de SSR, y para demandar y organizar reformas en políticas internacionales, regionales, nacionales y locales, y en su práctica.

Por lo tanto, abordar los derechos de SSR no puede separarse de los principios generales de protección y su implementación más amplia, pero la forma en que se lleve a cabo dicha aplicación dependerá en gran medida del contexto y deberá responder a las leyes, normas, circunstancias materiales y actores existentes en los contextos específicos de desplazamiento forzado que se aborden. Un tema que la importancia de la opinión y voz pone de relieve es que la elaboración de esa aplicación dependiente del contexto de las normas más generales debe ser un proceso que incluya a las mujeres y niñas como agentes cuya dignidad es fundamental.

Responsabilidad en materia de protección

¿Quién es responsable de respetar, proteger y hacer cumplir los derechos sexuales y reproductivos de las mujeres y niñas venezolanas que se convirtieron en "desplazadas por necesidad" en Estados vecinos? Para contestar esta pregunta, comenzaremos por considerar cómo debe abordarse la responsabilidad por los derechos humanos, antes de pasar a la cuestión de cómo debe concebirse la responsabilidad de la protección de los derechos humanos de las personas desplazadas forzosamente y distinguir una serie de diferentes responsabilidades en juego en dicha protección.

Los derechos humanos pueden concebirse como derechos que indican las condiciones de membresía a la sociedad política global, reconociendo que habitamos un orden político global estructurado como un orden internacional de Estados y comprometido con la garantía de los derechos humanos: "Toda persona tiene derecho a que se establezca un orden social e internacional en el que los derechos y libertades proclamados en esta Declaración se hagan plenamente efectivos" (DUDH, artículo 28). Trabajar para realizar ese "orden social e internacional" y la responsabilidad de garantizar los derechos humanos es un deber que recae en la sociedad política global en su conjunto. Parte de este deber de garantizar los derechos humanos es crear y mantener el material y las condiciones prácticas de respeto, protección y cumplimiento de los derechos humanos, y esto es lo que encontramos articulado no sólo en, por ejemplo, el derecho internacional de los derechos humanos, el derecho de los refugiados y los Pactos sobre Migración y Refugiados, sino también en los ODS como especificaciones clave de los requisitos para que los Estados puedan proteger y cumplir los derechos humanos de las personas bajo su jurisdicción.

¿Cómo debe cumplirse este deber en un orden internacional de Estados? Es importante distinguir aquí entre deberes negativos y positivos:

> Los deberes negativos—de no privar a las personas de aquello a lo que tienen derecho—son y deben ser universales. Un derecho no puede garantizarse a menos que los deberes negativos correspondientes sean universales, porque cualquiera que careciera incluso del deber negativo de no privar a alguien de aquello a lo que tiene derecho sería,

en consecuencia, libre de privar al supuesto titular del derecho. ... Los deberes positivos son el problema más grave porque involucran el gasto de recursos que ya están en posesión de uno, incluso si, cuando los deberes son auténticos, uno no tiene realmente derecho a conservar esos recursos para sí ... porque cualquiera que sea la proporción de dinero, tiempo y energía a nuestra disposición, en realidad se la debemos a otros, ... simplemente porque los recursos totales son limitados. (Shue 1988: 690)

En base a esta distinción, Shue señala:

Los derechos universales ... no implican deberes universales, sino una cobertura total. La cobertura total puede proporcionarse mediante una división del trabajo entre los titulares de deberes. La totalidad de deberes negativos recaen sobre todos, pero los deberes positivos deben dividirse y asignarse entre los titulares de alguna manera razonable. Además, una asignación razonable de deberes deberá tener en cuenta que los deberes de cualquier individuo deben ser limitados, en última instancia porque sus recursos totales son limitados y, antes de que se alcance ese límite, porque cuenta con sus propios derechos, que implican el gasto perfectamente adecuado de algunos recursos en sí misma en lugar de en el cumplimiento de los deberes hacia los demás. (1988: 690)

En el orden internacional de Estados, el primer paso para garantizar la plena cobertura de los derechos humanos de forma compatible con la autonomía de los Estados consiste en asignar a estos la responsabilidad primordial de proteger y hacer efectivos los derechos humanos de sus propios ciudadanos. Sin embargo, este primer paso es insuficiente porque, por un lado, los Estados pueden carecer de la capacidad y/o disposición para proteger y cumplir los derechos humanos de sus ciudadanos y, por otro, los Estados ejercen autoridad jurisdiccional sobre todos los que habitan su territorio, sean ciudadanos o no. Por lo tanto, la cobertura plena requiere la construcción o el mantenimiento de instituciones internacionales que:

(a) alienten y permitan a los Estados proteger y cumplir con los derechos humanos de sus ciudadanos y no ciudadanos presentes en su territorio; y
(b) faciliten la protección de los derechos humanos (de forma compatible con la estructura normativa del orden internacional) cuando el Estado, o los Estados, con responsabilidad primaria no quieran o no puedan hacerlo.

El deber de proporcionar protección a aquellos que se convierten en desplazados por necesidad es, por lo tanto, un derivado del deber más amplio de garantizar la plena cobertura de los derechos humanos en la sociedad política global y se desencadena por fallas en la garantía de plena cobertura basada en una división del trabajo entre Estados. El contenido de este deber puede entenderse en términos de los principios de protección abordados en la sección anterior y, como veremos, esto tiene implicaciones sobre cómo debe dividirse la responsabilidad de la protección de desplazados por necesidad entre los Estados (y otros actores).

En primer lugar, se debe señalar que el deber de protección impone a todos los Estados una obligación de cooperación en el cumplimiento de dicho deber para los desplazados por necesidad.[1] Como parte de este deber de cooperación, los Estados están obligados a construir, mantener y mejorar las instituciones y organizaciones que pueden garantizar el cumplimiento de los principios de protección de manera que se repartan equitativamente las responsabilidades de protección entre los Estados. Considerados en términos abstractos y generales, en relación con las responsabilidades de provisión de lugares de protección, condicionados por el estricto deber de la no devolución, una serie de criterios normativos son pertinentes Entre ellos, cabe destacar los siguientes:

- la capacidad integradora de cada Estado o asociación regional de Estados; y
- los intereses legítimos de los desplazados por necesidad en la búsqueda de seguridad y condiciones de agencia social efectiva en determinado(s) Estado(s) o región(es).

En igualdad de condiciones, las exigencias de costo sobre los Estados serán proporcional a su capacidad para suministrar recursos o fondos.[2] Es bastante sencillo ver cómo interactúan estas dos dimensiones en el deber de proteger a los desplazados por necesidad. Así, por ejemplo, la capacidad integradora de un Estado depende, en parte, de la forma en que su capacidad intrínseca se complemente y aumente mediante el suministro de recursos a través de organizaciones regionales o internacionales. El grado en el cual los intereses legítimos de los desplazados por necesidad puedan tener una influencia sobre el lugar en el que buscan protección depende, en parte, del grado en que se reconozca su voz en estas instituciones y de la gama de opciones de movilidad que estas pongan a su disposición.

Sin embargo, la discusión se ha desarrollado en un nivel de abstracción y generalidad. Es así como ha llegado el momento de volver a poner los pies en la tierra y hacerla más precisa, reconociendo que, en relación con cualquier desplazamiento masivo, las responsabilidades específicas de protección que tienen los Estados en particular dependerán de sus relaciones con el contexto del desplazamiento, así como con otros Estados. Se debe distinguir aquí entre varios tipos de responsabilidades de protección:

- responsabilidades de apoyar el *paso seguro a los lugares de primera protección*;
- responsabilidades de proporcionar *lugares de primera protección*;
- responsabilidades de proporcionar *una movilidad segura*;
- responsabilidades de proporcionar *lugares de protección establecidos*; y
- responsabilidades de proporcionar *recursos para la protección*.

Abordar estas diferentes responsabilidades y sus implicaciones para la forma en que deben ser compartidas en relación con el contexto específico de las mujeres y niñas venezolanas, y su interés particular en los derechos sexuales y reproductivos, proporcionará una forma concreta de ilustrar la naturaleza de estas responsabilidades y su distribución entre los Estados, y el papel que juegan otros actores dentro del ámbito de la protección.

Responsabilidad, género y el desplazamiento venezolano

En esta sección se analizan los diferentes tipos de responsabilidad y sus implicaciones en relación con las mujeres y niñas venezolanas desplazadas, y su particular interés en los derechos sexuales y reproductivos.

Paso seguro a lugares de primera protección

Ya hemos señalado que, en un mundo de Estados territoriales, el paso seguro a través de una frontera a un lugar de primer refugio es fundamental para cualquier regimen de protección. El deber de protección y el deber de colaboración que de él se deriva generan, por lo tanto, obligaciones específicas para los Estados que disponen de paso directo como potenciales Estados de primer refugio. El deber principal de dichos Estados es el de mantener las fronteras abiertas a personas desplazadas por necesidad, cuando esto signifique que no impidan u obstruyan el acceso de dichas personas a su territorio para reclamar protección. En contextos como el venezolano, es fácil imaginarse a las mujeres y niñas caminando o viajando por bus o carro hacia la frontera y siendo confrontadas por guardias fronterizos que les niegan la entrada o les exigen documentos como condición para ingresar y, por lo tanto, pensar en el deber como uno de simplemente dejarlas entrar sin imponer tales exigencias. Para muchas mujeres y niñas venezolanas está sería la forma relevante de concebir el deber. Pero, además, hay que señalar que, al menos una vez que queda claro el carácter adverso de la situación en Venezuela, este deber abarca también permitir que las mujeres y niñas (que dispongan de los recursos económicos pertinentes) tengan acceso a vuelos aéreos a otros Estados sin estar sujetas a exigencias de visados que obstaculicen su viaje.

Sin embargo, es importante señalar que este deber también se aplica al Estado en donde se origina la huida. Aparte del deber negativo de no impedir el desplazamiento de aquellas personas que buscan salir del territorio [expresado en el derecho humano a salir, DUDH, artículo 13(2)], este Estado cuenta además con un deber positivo para con sus ciudadanos y residentes de apoyar su capacidad de viajar con seguridad a la frontera y de cooperar con otros Estados de manera que se apoye el paso seguro. Por supuesto, en los casos en que el Estado no esté dispuesto a proteger los derechos de los ciudadanos o residentes pertinentes, este deber puede incumplirse junto con otros (aunque, incluso en este caso, algunas autoridades locales o municipales pueden actuar de manera diferente al aparato central del Estado); pero en los casos en que el Estado carezca de la capacidad de protección, aún puede apoyar el paso seguro y, en la medida en que pueda, tiene la responsabilidad de hacerlo. ¿Qué significa esto en la práctica? Si consideramos a las mujeres y niñas venezolanas que se enfrentan a riesgos durante el viaje y en cruce de frontera, podemos distinguir tres escenarios: *frontera abierta, frontera regulada y frontera cerrada*. En el caso de una *frontera abierta*, en donde el potencial Estado de primer refugio cumple con el deber de cooperación para la protección, el papel del Estado venezolano es hacer lo que razonablemente pueda para garantizar que las mujeres y niñas puedan viajar de manera segura y a salvo de explotación o agresiones sexuales. Esto puede incluir medidas que van desde repartir información acerca de los riesgos en la forma de viajar y modalidades seguras, hasta la designación de algunos servicios de transporte público regular hacia la frontera, por ejemplo, "sólo para mujeres". En el caso de una *frontera regulada*, en donde el potencial Estado de primer refugio no cumple aún, o no cumple plenamente, con el deber de cooperación para la protección, el papel del Estado venezolano es, en primer lugar, comunicar, por ejemplo a Colombia, que la situación de las mujeres y niñas que salen es la de desplazadas por necesidad, de manera tal que se les abra la frontera y se les proporcione ayuda con la documentación necesaria o servicios que les permita cumplir con la normativa actualmente vigente. En el caso de una *frontera cerrada*, en donde el potencial Estado de primer refugio incumple totalmente el deber de cooperación para la protección, la responsabilidad del Estado venezolano es llamar la atención internacional sobre este incumplimiento y dicha responsabilidad puede extenderse, dependiendo de si hay otros Estados potenciales de primer refugio disponibles y de sus capacidades relevantes, a apoyar el "tráfico seguro" regulado por el Estado para asegurar que las mujeres y niñas puedan acceder a un Estado de primer refugio. El Estado venezolano puede también señalar la necesidad de aumentar la disponibilidad de rutas aéreas sin visado.

Aparte del Estado origen de la huida y el Estado o Estados a los cuales las mujeres y niñas se están desplazando, ¿quién más puede tener responsabilidades con respecto a un paso seguro? Otros dos grupos, al menos, pueden tener responsabilidades en contextos como el venezolano.

El primero abarca a ACNUR, la OIM y las organizaciones de ayuda humanitaria. Su primera responsabilidad es utilizar sus redes disponibles para comunicar las condiciones en Venezuela a los Estados y otros actores, para clarificar las condiciones existentes de desplazadas por necesidad que tienen las mujeres y niñas en el país, y comunicarse en la medida de sus posibilidades con las mujeres y niñas de Venezuela en relación con las condiciones de paso y acogida de que disponen. En la medida en que puedan operar dentro del territorio venezolano, una segunda responsabilidad es proporcionar recursos médicos y la provisión de clínicas móviles/pop-up de SSR, situadas en las principales rutas de viaje y cerca de los principales lugares de cruce, para así abordar los retos de salud identificados por las propias mujeres y niñas, por ejemplo, toallas sanitarias, métodos anticonceptivos, control prenatal, tratamiento y prevención de ITS, y tratamiento para combatir el trauma y prestar apoyo (véase la figura 4.1, Capítulo 4). Como afirmaremos, además de la prestación de estos servicios *in loco*, el papel de las organizaciones de la ONU también debe ser fundamental como agentes de "incidencia" para el cambio, haciendo que estas responsabilidades se conviertan en agendas regionales e internacionales operativas, como el Pacto sobre Refugiados.

El segundo grupo es el de las propias mujeres y niñas. Aquí se pueden distinguir dos responsabilidades, cada una de las cuales pueden ser entendidas como responsabilidades de solidaridad. La primera es una responsabilidad de solidaridad en tránsito, es decir, una responsabilidad de apoyarse unas a otras, en la medida en que razonablemente puedan hacerlo, a través del asesoramiento, la auto-organización y la ayuda material. La segunda es una responsabilidad de solidaridad a distancia, es decir, en la medida en que razonablemente puedan hacerlo, comunicar a las mujeres y niñas que permanecen en Venezuela sus conocimientos basados en las experiencias vividas. También dar a conocer la información compartida con otras personas que huyen sobre el proceso de paso y su acogida en el Estado de primer refugio, ya sea directamente a través de sus propias redes o a través de organizaciones humanitarias, para que las personas que se encuentran en Venezuela puedan tomar decisiones informadas sobre si salir, cómo hacerlo y adónde ir (sobra decir que los Estados no deben impedir ni tratar de criminalizar a las mujeres que ejercen la solidaridad a distancia).

Lugares de primera protección

La responsabilidad de proporcionar lugares de primera protección recae en todos los Estados a los cuales viajan las personas desplazadas por necesidad. Su presencia en el territorio de los Estados desencadena un conjunto específico de responsabilidades de primera protección por parte del Estado, como agente territorial representativo de la comunidad internacional con respecto a un conjunto específico de personas desplazadas forzosamente. En primera instancia, estas responsabilidades implican proporcionar seguridad (lo que incluye el deber estricto de no devolución y la protección en el lugar), un proceso justo e imparcial de determinación del estatus (aunque este último paso puede realizarse a menudo con un criterio grupal en contextos de desplazamientos masivos como el de Venezuela) y el acceso a documentos de identidad que permitan a las personas desplazadas acceder al apoyo que necesitan para reconstruir sus vidas y vivir como agentes sociales efectivos capaces de tomar decisiones sobre su futuro. Sin embargo, como hemos visto, la provisión de un lugar de primer refugio presenta importantes características específicas de género. En el caso de las mujeres y niñas venezolanas, podemos destacar las siguientes responsabilidades específicas:

- La disposición de alojamiento temporal verdaderamente seguro. En primer lugar, esto significa disponer de un albergue para mujeres y niñas que no las exponga a riesgos de agresión sexual como ocurre, por ejemplo, en la estructura abierta de los albergues proporcionados en las principales ciudades de llegada a Brasil, donde se ofrecen camas a quienes no forman parte de los grupos familiares tradicionales en un formato de planta abierta, sin ofrecer ninguna seguridad para las mujeres o niñas que duermen solas, aparte de aquella que ellas mismas puedan organizar. También significa tener acceso a un albergue las 24 horas del día, especialmente para mujeres con hijos e hijas, para evitar los riesgos de ser objeto de agresión sexual o reclutamiento y explotación sexual, que surgen como consecuencia de no tener un lugar seguro para estar durante el día.

- Acceso a documentos de identidad individualizados en lugar de documentos familiares que potencialmente atan a las mujeres y niñas a parejas o padres varones, y que pueden facilitar formas de control y abuso.
- El acceso efectivo y seguro a la salud sexual y reproductiva. Esto implica no solamente que haya capacidad para la prestación de servicios de SSR a todas las mujeres y niñas desplazadas y que ellas tengan, y sepan que tienen, el derecho a acceder a estos servicios, sino también que dichos servicios se presten de una manera que sea respetuosa de ellas como mujeres y niñas venezolanas desplazadas. Esto requiere que sea sensible a las cuestiones de género, edad, cultura y a la desorientación y el trauma que a menudo conlleva el desplazamiento. Esta responsabilidad también implica que se tomen medidas para eliminar los obstáculos al acceso a la protección y la asistencia en materia de salud identificados por las mujeres migrantes, y descritos en la figura 4.1.
- Voz organizada y mecanismos de consulta e impugnación. Prestar apoyo a las mujeres y niñas desplazadas para que se organicen y ejerzan su voz en relación con las prácticas de protección a las que están sometidas, se les consulte sobre el funcionamiento de la protección y puedan impugnarlas. Se trata de reconocer la dignidad epistémica de las mujeres y niñas como agentes que pueden ofrecer un testimonio creíble, y a menudo epistémicamente privilegiado, en relación con la práctica operativa de la protección, y su dignidad moral como agentes con derecho a justificación de la forma en que son gobernadas por la práctica de la protección.

En general, la responsabilidad de abordar las cuestiones de protección en lugares de primer refugio es compartida entre los Estados que lo ofrecen, como agentes territoriales representativos de la comunidad internacional y las organizaciones internacionales, más obviamente ACNUR, como agentes representativos no territoriales de la comunidad internacional. Las responsabilidades de los Estados que no son Estados de primer refugio en relación con esta condición inicial de primera protección suelen adoptar la forma de deberes indirectos que se cumplen aportando financiación y recursos a ACNUR y a los organismos relacionados (como la OIM y el UNFPA). Sin embargo, en el caso de Venezuela, existe además una dimensión regional de esta responsabilidad que es la de solidaridad entre los Estados de América del Sur diferencialmente afectados por la crisis venezolana. La importancia de este punto se hace evidente cuando reflexionamos en particular sobre la cuestión del acceso efectivo y seguro a la SSR. Recordemos los problemas de capacidad de salud materna a los que se enfrentan los municipios en Colombia y Brasil ante el desplazamiento masivo de mujeres y niñas venezolanas, y los efectos políticos negativos de estos problemas sobre la condición de acogida las mujeres desplazadas por necesidad (véase el Capítulo 4). Es probable que cualquier Estado que se enfrente a un aumento repentino y significativo de la demanda de servicios de salud sexual y reproductiva, como el que se produjo con el desplazamiento de Venezuela, tenga dificultades para responder de forma eficaz y eficiente, y tampoco es razonable esperar que pueda mantener el exceso de capacidad necesario para hacerlo. Sin duda, este problema puede abordarse en parte mediante el apoyo internacional prestado por ACNUR y organizaciones afines como Médicos sin Fronteras. Sin embargo, en una región como América del Sur, la preparación para los contextos de desplazamientos masivos dentro de la misma es una responsabilidad compartida que posiblemente se aborde mejor a nivel regional. La formulación de políticas a ese nivel, más allá de las preocupaciones de seguridad, no solo ofrece un mecanismo para el intercambio y la cooperación transfronterizos, sino que también tiene sentido porque algunos problemas sociales, como los relacionados con la migración, la salud y el medio ambiente, por ejemplo, se ven exacerbados o facilitados por los desarrollo e intercambios regionales (Riggirozzi y Yeates 2015; Riggirozzi 2017). Al fin y al cabo, tanto en el ámbito de la salud como en el de la migración, las organizaciones regionales han actuado como espacios de gobernanza regional, impulsando agendas y facilitando compras conjuntas de medicamentos, por ejemplo, o la asignación de recursos y redes regionales (Riggirozzi y Ryan 2022). En el contexto actual, los espacios y las normas regionales pueden brindar la oportunidad de mejorar y fortalecer la gestión colectiva mediante la creación de nuevas oportunidades que permitan obtener resultados tangibles en materia de políticas, como se ilustra en la tabla 5.1.

Una gestión regional de este tipo debe priorizar un enfoque de género en temas relacionados con el desplazamientos regional, no sólo en tiempos de crisis sino especialmente durante ellos. Para suministrar los recursos materiales necesarios que permitan apoyar el tratamiento y la capacidad en lugares de primera protección, se necesita urgentemente financiación y reforzar los sistemas de salud, algo que la mayoría de los gobiernos latinoamericanos no pueden ofrecer. En condiciones no ideales, en las que las organizaciones regionales a menudo se enfrentan a graves restricciones de recursos, el desarrollo de una capacidad regional es una estrategia prudente que requiere un compromiso político y una financiación internacional solidaria e infalible por parte de instituciones como el Banco Mundial y el Banco Interamericano de Desarrollo.

Movilidad segura

Aunque algunos desplazados por necesidad pueden tener buenas razones para permanecer en los lugares por los que cruzaron la frontera, o cerca de ellos, y/o en los lugares municipales de primera protección (por ejemplo,

Tabla 5.1 Funciones de las organizaciones regionales y resultados

Funciones de las organizaciones regionales	Resultados reconocidos
Creación de marcos normativos	Cambiar la prominencia del tema y/o el uso del discurso
	Acciones específicas vinculadas a marcos de migración existentes
	Red regional líder para la definición de problemas específicos/contextuales
	Orientación política específica a nivel regional
Afirmación en la política nacional	Actuar estratégicamente como conductor
	Establecer metas e hitos y mecanismos de rendición de cuentas
Reasignación de recursos	Apoyo a las redes políticas especializadas
	Compartir experiencias y reunir conocimientos y recursos materiales
	Reasignar apoyo regionalmente (tecnologías/finanzas/recursos administrativos)
Establecimiento de dinámicas de representación	Representar a nivel internacional las preocupaciones locales no atendidas por los gobiernos nacionales (como propuestas a nivel de las Naciones Unidas, incluidas las aportaciones a la OMS, los ODS y Pactos Mundiales).

Fuente: Adaptado de Riggirozzi y Ryan (2022)

los grupos indígenas que circulan de un lado a otro de la frontera), muchos tendrán razones legítimas para desear trasladarse, ya sea dentro del Estado, de la región o a nivel más internacional, y poder reconstruir sus vidas y comunidades o atender necesidades específicas (como problemas de salud o discapacidades) que tengan como condición para dicha reconstrucción. Aleinikoff y Zamore (2019) proponen que los desplazados por necesidad deben recibir una versión actualizada del pasaporte Nansen que les permita movilizarse libremente entre esos Estados dispuestos a cumplir con su deber de cooperación para la protección. Sin embargo, si bien estamos de acuerdo en que poner dicha movilidad a disposición de los desplazados por necesidad es una parte importante del reconocimiento de su agencia y de la restauración de su autonomía, una versión moderna del pasaporte Nansen puede seleccionar a los desplazados por necesidad y convertirlos en objeto de discriminación. En el contexto sudamericano, la cuestión de los desplazamientos dentro de los Estados de la región y entre ellos podría abordarse mejor mediante una ampliación general de los derechos de movilidad vinculados a una ciudadanía regional emergente. El Acuerdo de Residencia de 2002 entre los países de la alianza regional de Mercosur, por ejemplo, ha regulado la circulación y los derechos sociales en la región desde 2009 (Ceriani Cernadas 2018). Los Estados también se comprometieron a reconocer la igualdad en materia de salud, educación y derechos laborales, independientemente del estatus migratorio. Aunque las políticas se han implementado de manera deficiente a nivel nacional y el Acuerdo no abordó los derechos de género de las mujeres y las niñas ni garantizó servicios con perspectiva de género para ellas, proporciona una base sobre la cual construir una forma de ciudadanía regional de la que los derechos de movilidad son un componente central. Para la mayoría de los venezolanos desplazados, esto supondría una parte fundamental de la base para reconstruir una vida digna. Pero no para todos. Para algunos, la mejor manera de reconstruir sus vidas podría consistir en viajar más lejos, por ejemplo, para reunirse con familiares en Estados Unidos, Canadá, Europa o cualquier otro lugar fuera de la región sudamericana y aquí el pasaporte Nansen desempeñaría un papel importante.

La responsabilidad de proporcionar una movilidad segura a las mujeres y niñas venezolanas no es solamente una cuestión de ofrecer derechos de movilidad. Se trata además de la protección de los abusos que varían de la explotación al tráfico. En los contextos en donde los desplazados por necesidad carecen de acceso a un refugio seguro o a derechos laborales formales, las mujeres y niñas son altamente vulnerables a verse expuestas a estos riesgos. Sin embargo, precisamente porque las personas desplazadas por necesidad a menudo experimentan desorientación característica del desplazamiento forzado, carecen de los mismos recursos de conocimiento y experiencia de que disfrutan los ciudadanos del Estado de primera protección y están muy motivados para empezar a reconstruir sus vidas, también es probable que sean vulnerables al engaño y al abuso de confianza. Como dijo Gabriela, una migrante venezolana en Brasil: "Una está expuesta en un lugar que no conoce, sin dinero, una llega y no conoce a la gente y puede llegar una persona y ofrecerte trabajo o llevarte más lejos, pero no todos son buenas personas" (Manaos, 8 de junio de 2021).

Incluso en contextos en los que las personas desplazadas por necesidad cuentan con acceso a derechos laborales, las formas de ofertas de empleo engañosas y la explotación son demasiado comunes. Por ejemplo, Elena, una transgénero que huyó hacia Brasil, recordó:

> "Trabajé por tres semanas cuidando a una anciana por menos de 30 reales [5 libras esterlinas] por semana y no lo conocía pero luego me enteré de que ella me estaba explotando. Trabajé para ella de lunes a sábado y el domingo la llevaba a la iglesia. Una vez, mientras esperaba, una mujer en la iglesia preguntó cómo estábamos relacionadas y cuál era mi nacionalidad. Cuando le conté cuánto ganaba en este trabajo me dijo que era explotación laboral y que esto no debería pasar acá. Yo respondí que para mí eso era normal, porque no estaba consciente de lo que era permitido o no". (Manaos, 20 de julio de 2021)

El carácter común de estas experiencias se hizo evidente en una discusión de grupo focal, en donde una entrevistada dijo: "Es muy difícil para nosotras mujeres conseguir un trabajo ... algunas veces nos hacen propuestas indecentes ... en cierto modo es como si nos dijeran "o acepta el trabajo o no hay ... sobre todo es con trabajos informales" (Pisciana, Manaos, 2 de octubre de 2021). Otra entrevistada añadió:

> "Tuve la experiencia de trabajar en una panadería, y tengo una hija de 16 años. Cuando mi jefe la vio inmediatamente quería contratarla, algo que no se puede hacer, ella es menor de edad. Y él dijo que le parecía muy bonita mi hija y todo eso, y yo tuve que dejar mi trabajo, tuve que mudarme y no pude conseguir otro trabajo, terminé limpiando casas, vendiendo cualquier cosa, vendiendo dulces en las calles". (Yuritza, Manaos, 2 de octubre de 2021)

La OIM (2021b) informa que, en toda América Latina, una de las prioridades más importantes es abordar los problemas que afectan a la vulnerabilidad de las mujeres migrantes a la explotación laboral y sexual, la trata y la violencia de género, así como la informalidad laboral, al tiempo que se aumenta su capacidad para denunciar estas circunstancias y acceder a la información oficial. Por lo tanto, junto a los derechos de movilidad, los Estados también tienen un deber de cuidado especial para los desplazados por necesidad, y quizás especialmente para las mujeres y niñas, que se deriva de la posible explotación de su desorientación social y su falta de conocimientos locales. Se puede considerar que esta responsabilidad se extiende y vincula los lugares de primera protección y los lugares de protección permanente como lugares donde las mujeres y las niñas deben recibir apoyo tanto en el proceso general de reorientación hacia un nuevo entorno como en el proceso específico de ser alertado de los riesgos de confiar con demasiada facilidad y de los posibles signos a los que hay que estar atento.

Lugares de protección posterior al asentamiento

Ya sea que personas desplazadas por necesidad permanezcan cerca de sus lugares de primera protección o viajen más lejos para comenzar a reconstruir sus vidas, estas deben poder integrarse de manera segura. Dado nuestro énfasis en la importancia de los derechos de movilidad, especialmente los derechos de movilidad regional, ya que permiten que los deseos e intereses legítimos de quienes son forzosamente desplazados determinen dónde se asientan, proponemos que, para la mayoría de los desplazados, la región en general debe ser tomada como el lugar general de protección posterior al asentamiento en donde los desplazados por necesidad tienen acceso a las condiciones básicas para reconstruir sus vidas en comunidad con los demás. Sin embargo, las mujeres y niñas se instalarán en lugares específicos y es necesario que los recursos vayan con ellas.

¿Qué se necesita para reconstruir las vidas en comunidad? Para adaptar los comentarios más destacados de Owen (2020), podemos decir que la pérdida de ciudadanía efectiva experimentada por quienes han huido de Venezuela puede concebirse como la pérdida de condiciones razonables de agencia social efectiva. Reparar esta situación significa proporcionar a los que han huido condiciones bajo las cuales puedan razonablemente considerarse a sí mismos como agentes sociales efectivos, que puedan hacer elecciones y planes sobre su futuro que no estén simplemente impulsados por los requisitos urgentes de la necesidad práctica, y que tengan alguna capacidad para influir en el entorno social en el que se hacen esas elecciones y planes. Los requisitos básicos de esta responsabilidad pueden expresarse como la provisión de: acceso a la vivienda, la salud y los sistemas de bienestar para proteger a los desplazados por necesidad de las abrumadoras exigencias de la necesidad práctica; acceso a oportunidades de educación, capacitación o empleo para permitirles hacer elecciones y planes efectivos sobre sus vidas; y acceso a la afiliación política municipal para considerar que tienen algo que decir sobre el entorno dentro del que se encuentran. Cada uno proporciona vías de integración social para los desplazados por necesidad dentro del lugar de protección establecida, pero el segundo y el tercero son particularmente importantes porque implican la participación activa de los desplazados en la comunidad social y política de la localidad en la que se encuentran. Un regimen que les niegue la oportunidad de participar en la educación o el empleo y la participación política local no solo limitaría severamente la capacidad de las personas desplazadas para ejercer por si un rol como agentes sociales y de cambio efectivo, sino que también podría reproducir una imagen degradante de las personas desplazadas entre los ciudadanos del lugar de protección, estableciéndolas como víctimas pasivas, cargas cívicas que ya no son consideradas como "personas reales", o incluso como extranjeros (indocumentados, ilegales) independientemente de su estatus legal (véase Reeds-Sandoval 2020).

El suministro del apoyo que necesitan los desplazados por necesidad para tener acceso a la vivienda, la salud, la ayuda social, la educación, la capacitación, el empleo, la participación política y la integración social obviamente tiene un costo y puede ejercer presión sobre los servicios locales. De ahí la importancia de los recursos se muevan con los desplazados por necesidad para abordar los problemas que afectan una integración segura. A diferencia de la provisión de servicios inmediatos en lugares de primera protección, el apoyo a la creación de capacidad en los lugares de protección posterior al asentamiento implicará normalmente que quienes lo proporcionen tengan informacion sobre el estado de conocimientos y experiencia específicos de las personas afectadas y, por lo tanto, mientras que la provisión de recursos fungibles debería estar muy extendida, la responsabilidad de la provisión de recursos no fungibles recaerá en el Estado en el que se lleve a cabo la protección posterior al asentamiento.

Es importante notar que la provisión de este apoyo para el acceso a las condiciones de agencia socialmente efectiva debe tener un abordaje y responder a las características específicas de género. Por lo tanto, para tomar un ejemplo, el acceso al cuidado infantil (asequible) será un factor importante en la configuración potencial del acceso de las mujeres a la educación, la capacitación, el empleo y la participación política. Esto no es, por supuesto, algo particular de las mujeres desplazadas, aunque es de particular importancia para ellas, y se relaciona con las dimensiones específicas de género del desarrollo sostenible y la justicia social. A este respecto, podríamos argumentar, además que el ejercicio de una agencia socialmente eficaz puede verse significativamente respaldado por el acceso a organizaciones de mujeres inclusivas en el lugar de protección posterior al asentamiento, lo que puede actuar como un método de integración social y de empoderamiento social para las mujeres desplazadas.

Recursos para la protección

La protección requiere una serie de recursos que, interpretados en términos abstractos y generales, incluirían los lugares donde se lleva a cabo dicha protección. Sin embargo, aquí utilizamos el concepto de "recursos" en un sentido más estricto para referirnos a los recursos financieros y los bienes y servicios necesarios para garantizar la protección. Nuestras reflexiones sobre los distintos bienes y servicios que requiere la protección en los lugares de paso seguro, los lugares de primera protección, la movilidad segura y los lugares de protección posterior al asentamiento han resaltado el hecho de que estos bienes y servicios demandan una provisión contextualizada e inclusiva de los agentes locales, nacionales y regionales, complementada (cuando sea posible dada la naturaleza del bien o servicio en cuestión) por las organizaciones internacionales. La cuestión clave aquí es la capacidad de proporcionar los recursos y servicios necesarios para la protección. La capacidad no se reduce a consideraciones de costo, pero está significativamente relacionada al mismo y, por lo tanto, es importante volver a insistir en que el deber de proporcionar protección a los desplazados por necesidad es un deber que incumbe a la comunidad internacional en su conjunto y una parte fundamental del reparto equitativo de esta responsabilidad implica reconocer que, en igualdad de condiciones, los Estados tienen la responsabilidad de contribuir con los costos de proporcionar protección en función de su capacidad para hacerlo. Por supuesto, los Estados que ofrecen lugares de primera protección o protección posterior al asentamiento ya están contribuyendo de una forma u otra y, por lo tanto, los costos que incurren al hacerlo cuentan para sus obligaciones contributivas generales. Sin embargo, aparte de las contribuciones basadas en el lugar, la principal vía para asumir responsabilidades de los costos de la protección sería a través de una dotación de recursos de organizaciones internacionales como ACNUR.

Sin embargo, aquí se hace frente al hecho de que la protección internacional cuenta con recursos insuficientes. Como señalan Aleinikoff y Owen (2022: 11):

> Cada año, ACNUR construye un "presupuesto basado en las necesidades" examinando las necesidades de las poblaciones desplazadas en todo el mundo y luego calculando la cantidad de dinero que se necesitaría para permitir que dichas poblaciones lleven vidas con niveles mínimos de

salud, bienestar y dignidad. La financiación real de ACNUR nunca se acerca a ese nivel: en un año determinado, ACNUR recauda alrededor del 50 por ciento del cálculo "basado en las necesidades". Asimismo, la Oficina de Coordinación de Asuntos Humanitarios publica un "llamamiento mundial" anual para obtener los fondos necesarios para responder a las emergencias humanitarias, que también está dramáticamente subfinanciado cada año. Los datos para 2020 mostraron requisitos globales de 38 500 millones de dólares estadounidenses con una financiación real de solo 18 600 millones de dólares estadounidenses.

Más concretamente en relación con Venezuela, un informe de ACNUR en 2020 señaló:

> Los requisitos generales de ACNUR para la situación de Venezuela en 2020 ascienden a 260,7 millones de dólares estadounidenses. Al 25 de agosto de 2020, se han recibido 68,7 millones de dólares estadounidenses. Los fondos flexibles recibidos por ACNUR han permitido a la organización asignar 48,8 millones de dólares estadounidenses adicionales a la situación de Venezuela, elevando el nivel de financiación actual al 45 por ciento. Estos bajos niveles de financiación han obligado a ACNUR a recortar programas en una variedad de sectores, incluida la protección infantil y los medios de subsistencia, y se prevén más recortes en la segunda mitad de 2020. (ACNUR 2020: 69)

Dupraz-Dobias (2022) dan un ejemplo concreto de los efectos de este déficit:

> En mayo de 2020, debido a la escasez de fondos, ACNUR solo pudo dar apoyo a 50 hogares venezolanos vulnerables en los departamentos de Antioquia y Chocó para fortalecer su acceso a medios de vida a través del Enfoque de Graduación, en lugar de los 1200 hogares planificados para 2020. Según la Evaluación Rápida de Medios de Vida de ACNUR, el 67 por ciento de los venezolanos en Colombia han perdido toda fuente de ingresos desde el inicio de la pandemia de COVID-19 en marzo de 2020, lo que los pone en un mayor riesgo de explotación, VSG, desalojo y problemas de salud.

Este déficit adquiere mayor importancia cuando se observa que, en ausencia de fondos adecuados y en el contexto de aumento de la pobreza debido a la pandemia de COVID-19, la probabilidad de violencia que involucre a bandas de narcotraficantes y grupos armados en Colombia aumenta a pesar del histórico acuerdo de paz de 2016. En este contexto, los migrantes venezolanos deben competir por la atención con las propias crisis internas de Colombia. La Oficina de Coordinación de Asuntos Humanitarios (OCHA) de las Naciones Unidas estima que 7,7 millones de personas en Colombia, sin incluir a los venezolanos, necesitan asistencia humanitaria.[3]

El *Plan Regional de Respuesta a Refugiados y Migrantes 2022* de la Plataforma Regional de Coordinación Interagencial para la Respuesta Humanitaria a las

Necesidades de los Refugiados y Migrantes de Venezuela estima que se necesitan 1790 millones de dólares para hacer frente a las necesidades de asistencia humanitaria, pero hay pocas razones para suponer que la financiación real será algo parecido al nivel requerido. Además, incluso con este nivel de financiación, lo que también y fundamentalmente se necesita es una financiación internacional solidaria y sin fisuras para el desarrollo sostenible a largo plazo, de forma que se salvaguarden los derechos de las mujeres y niñas desplazadas, se fomenten sociedades inclusivas y se corrijan las desigualdades prolongadas para todos.

Fallas en la protección y responsabilidades del desarrollo

¿Qué implicaciones surgen del fracaso por parte de la comunidad internacional de proporcionar los recursos adecuados para la protección? En términos pragmáticos, el déficit en la financiación aumenta la presión sobre los Estados de primera protección y de protección posterior al asentamiento. Dicha presión puede tener consecuencias políticas al abrir oportunidades para que los políticos enmarquen los problemas sociales con estos Estados en términos de las presiones para proteger a personas venezolanas desplazadas, especialmente en contextos de inestabilidad social y austeridad económica. La mitigación de estas presiones y las limitadas oportunidades en contextos de políticas nacionalistas y situaciones discriminatorias y de explotación pueden ser abordadas intensificando la cooperación y solidaridad internacional y regional, con la advertencia de los países en desarrollo a menudo ya enfrentan una variedad de desafíos en materia de desarrollo. Reflexionar sobre esta injusticia también nos alerta sobre el hecho de que la falta de financiación adecuada de la protección no es solo un problema de protección, también tiene implicaciones significativas para la capacidad de protección de los Estados que permita lograr o mantener el progreso hacia el cumplimiento de los ODS y, especialmente, aquellos ODS que se refieren a la igualdad y la justicia de género. Esto abarca particularmente las metas relacionadas con el ODS 3 para lograr la salud y el bienestar universales, y garantizar el acceso universal a los servicios de atención de la salud sexual y reproductiva, incluidos los servicios de planificación familiar, información y educación, y la integración de los servicios de salud reproductiva en las estrategias y programas nacionales (ODS 3.7); el ODS 5 sobre igualdad de género (5.2, 5.6), el ODS 10 sobre reducción de desigualdades; el ODS 11 sobre comunidades sostenibles y la meta 11.5 sobre protección de personas desplazadas. Aunque muchos Estados latinoamericanos han firmado y ratificado sus compromisos, la región sigue representando una falla importante para el logro de estos ODS.

El reconocimiento de la intersección práctica de la protección/asistencia humanitaria de las personas desplazadas y el desarrollo nos conduce a un punto importante, a saber, que las fallas en la responsabilidad relacionada con los costos de protección pueden generar responsabilidades específicas vinculadas con el financiamiento para el desarrollo. De ahí el llamamiento que se hace aquí a las asociaciones internacionales y a la cooperación para el desarrollo mediante la movilización de recursos, el intercambio de conocimientos y la creación de capacidades de acuerdo con el ODS 17.[4] Es decir, cuando la financiación de la protección es inferior a la necesaria, con los consiguientes efectos negativos sobre la capacidad de los Estados protectores para cumplir las metas de los ODS, se hace necesario proporcionar a estos Estados recursos adicionales para el desarrollo. Nótese que esta responsabilidad vinculada al desarrollo no se basa en sí misma en la pretensión de protección de las personas desplazadas por necesidad, más bien se basa en el derecho de todos los que residen en un Estado, y que están sujetos a su autoridad, de no verse perjudicados por una falta de capacidad del Estado para alcanzar (o progresar hacia) los ODS, mas aun por el hecho de que el Estado cumpla con su responsabilidad de actuar como Estado de protección para los desplazados por necesidad.

En términos prácticos, satisfacer las necesidades en materia de salud de personas desplazadas, en particular las de las mujeres y niñas desplazadas, y garantizar su protección requerirá financiación internacional de emergencia reservada a programas que apoyen la atención sanitaria, la vivienda y la protección social de las personas desplazadas y que garanticen su integración efectiva independientemente de su estado legal, como inversiones a largo plazo que sean coherentes con los ODS.

El papel del Banco Mundial y las instituciones de desarrollo regional, como el Banco Interamericano de Desarrollo, es fundamental en este punto para la financiación de los programas a corto y largo plazo, mientras que las organizaciones regionales, como Mercosur y la Comisión Económica para América Latina y el Caribe (CEPAL) son clave en el establecimiento de agenda y la creación de marcos normativos, apoyando la "traducción" de normas internacionales a los entornos locales de los Estados a través de redes regionales de instituciones y facilitando la movilización de recursos humanos, financieros y de conocimientos en apoyo de la implementación de políticas. Estas tareas requieren, en última instancia, un "nuevo pacto social", sugerido anteriormente por CEPAL en relación con las crisis de salud y en medio del COVID-19, para una recuperación en la región.[5] Un nuevo pacto social en el contexto actual debe hacer frente a las consecuencias sociales y de desarrollo específicas de género que son tambien consecuencia de los desplazamientos masivos y las crisis sanitarias. En el marco de dicho pacto, las instituciones financieras y de desarrollo multilaterales adoptarán nuevas modalidades de préstamos inmediatos y a largo plazo para garantizar que los programas y la financiación internacional al desarrollo sean coherentes con los ODS y con las necesidades de promulgación práctica y efectiva de los cinco tipos de responsabilidad aquí identificados. Estos programas deben tener un enfoque específico de género y potenciar las capacidades y funciones de las organizaciones nacionales y regionales. Por último, un sistema de rendición de cuentas podría apoyar el nuevo pacto social mediante el desarrollo de indicadores de rendimiento globales, complementarios o basados en los marcos de indicadores mundiales existentes para los ODS[6] o en el Rastreador Global de Respuestas de Género a la COVID-19,[7] por ejemplo, con el fin de supervisar las respuestas adoptadas por los gobiernos para abordar los cinco tipos de protección en relación a las personas desplazadas. El sistema destacaría a aquellos que han integrado una perspectiva de género en la protección y un enfoque sensible al género en el acceso al bienestar, la educación y el empleo, y los derechos de participación en la comunidad local de las mujeres y niñas desplazadas.

La dignidad de las mujeres y niñas desplazadas importa. Tomar en serio dicha dignidad significa abordar su acceso a los derechos humanos, como los derechos a la SSR, y reconocer en la práctica la importancia de su agencia y sus voces dentro de la gobernanza de la protección. Pero también significa reconocer la necesidad de ir más allá del marco de protección para abordar las condiciones de género que generan el desplazamiento por necesidad. Una de las razones por las que una protección adecuada es importante es que permite a las mujeres y niñas desplazadas actuar como agentes de desarrollo en apoyo de la consecución de los ODS. Los ODS son importantes porque forman parte integral de la construcción de una estructura básica mundial que aborde las causas del desplazamiento por necesidad y sus características de género.

Conclusión

En el Capítulo 2 presentamos las razones generales para la adopción de un marco conceptual que defina "personas desplazadas por necesidad", con el fin de abordar la gobernanza de protección adecuada y necesaria para aquellas personas desplazadas en América del Sur. Estas razones fueron reforzadas en los Capítulos 3 y 4 que presentaron un analisis de las prácticas existentes en términos de gobernanza que afectan el acceso a la protección y sus fracasos, tal y como se revelan en la experiencia vivida por las mujeres venezolanas desplazadas, que demuestran la necesidad de una ética del desplazamiento forzado que responda al carácter de género de dicho desplazamiento, desde la decisión inicial de huir hasta la conclusión del viaje, ya sea asentamiento e integración o retorno. En este capítulo hemos desarrollado el carácter de una ética sólida del desplazamiento forzado delimitando las diversas responsabilidades y formas de protección requeridas en todas las diferentes etapas del desplazamiento e identificando los diversos agentes que deben asumir estas responsabilidades. Nuestro análisis contextual ha indicado que el cumplimiento de las responsabilidades de protección y, en particular, las formas de protección que tienen en cuenta las cuestiones de género requieren la acción concertada de los Estados, organizaciones regionales, organismos internacionales y agentes no estatales sobre la base de la cooperación y la solidaridad internacional y regional. Esto es de particular importancia si se quiere ir más allá del tipo de política de gobernanza *ad hoc* y sus deficiencias, ilustradas en los capítulos anteriores, y avanzar hacia una estructura estable de gobernanza basada en derechos que garantice la protección de aquellas personas desplazadas por acciones y acontecimiento que van más allá de su control, y que se escuche su voz con respecto a esa protección.

Conclusión

El desplazamiento masivo de mujeres y niñas venezolanas ha puesto de relieve el carácter de género de la migración forzada. No solamente se ven obligadas a huir por razones que suelen ser específicas de género (como, por ejemplo, el colapso de la atención médica materna) o relacionadas con roles de género (como el ser agentes principales del trabajo de cuidado familiar), sino que además continúan enfrentando desafíos específicos de género durante el tránsito, la recepción y el asentamiento en países de acogida. Un foco en la SSR ofrece una lente a través de la cual se hacen visibles estas dimensiones y la naturaleza de género que implica el desplazamiento, así como la necesidad de implementar formas de protección con una perspectiva de género. En este trabajo se han expuesto una serie de brechas de protección y una falta de reconocimiento del carácter distintivo de genero en la migración forzada femenina.

La primera brecha, y la más importante, es el fracaso conceptual y normativo del régimen de protección para reconocer que las mujeres y niñas pueden tener razones de necesidades prácticas para huir, que no están contempladas en las concepciones legales de la condición de refugiado-migrante. Estas concepciones se basan en la identificación de estatus migratorio relacionado con una serie limitada de causas o motivos específicos de huida y, por lo tanto, construyen el binomio refugiado-migrante de forma que se asigna a algunos migrantes a una categoría y a otros a otra de acuerdo a una valoracion de que es migración forzada o voluntaria. Hemos afirmado que se puede abordar esta brecha conceptual y articular una ética sólida del desplazamiento forzado adoptando la teoría de Aleinikoff y Zamore que sugiere la categoría de "desplazado por necesidad" y por ende un marco de protección basado en este estatus. Sostenemos que la categoría de "desplazado por necesidad" distingue a quienes tienen razones imperiosas para huir, basadas en la preocupación por la protección de sus derechos humanos básicos y razones de necesidad práctica relacionadas con el ejercicio de los mismos. Nuestra propuesta de una combinación de *generalidad* (al no vincular la protección internacional a motivos específicos de la huida) y *singularidad* (al asumir la cuestión de la huida desde la primera perspectiva personal del agente encarnado ante la cuestión práctica de si huir o no) supera los problemas conceptuales y éticos que plantea el binario migrante-refugiado y desactiva los usos políticos del mismo. Esto nos ofrece un marco crítico para reflexionar acerca de la gobernanza de la migración forzada en general y la gobernanza de la protección para los venezolanos en América del Sur en particular, y para hacerlo, además, con una perspectiva de género relacionada con la naturaleza y la experiencia del desplazamiento.

América Latina puede considerarse un lugar privilegiado para reflexionar sobre la ética de la migración forzada ya que ha sido ampliamente reconocida por su legislación progresista en materia de refugio, con la Declaración de Cartagena incorporada a la legislación nacional de varios Estados. Sin embargo, el desplazamiento forzado de mujeres y niñas venezolanas ha llamado la atención acerca de las limitaciones de dicha Declaración a la hora de abordar las causas de género del desplazamiento (como el colapso de los sistemas de salud materna) y el modo en que los Estados sudamericanos han intentado abordar la afluencia masiva de desplazados mediante opciones políticas expresadas en una serie de medidas que tratan a los venezolanos como migrantes en necesidad de una protección temporal, limitando prácticamente el acceso a la protección de personas refugiadas y relegando a muchas de ellas a un estatus legal de indocumentados, o "socialmente indocumentados", tomando prestada la acertada distinción de Reed-Sandoval (2020). Con esto no se pretende negar o denigrar los importantes esfuerzos realizados por Estados como Colombia para atender las necesidades de los venezolanos desplazados en las limitadas circunstancias a las que se enfrenta. Por el contrario, trata de llamar la atención sobre las formas en que la ausencia de un marco ético sólido para abordar el desplazamiento forzado y especialmente las dimensiones de género del desplazamiento forzado a escala nacional, regional e internacional actúa como facilitador de políticas discrecionales (a menudo bien intencionadas) cuyos efectos terminan dejando a mujeres y niñas desplazadas sin la protección que necesitan. En lugar de un enfoque basado en principios y derechos que responda a retos de la protección internacional, lo que nuestro análisis ha encontrado es que, en la práctica, se tiende a implementar una serie de medidas *ad hoc* que son más o menos generosas, más o menos restrictivas. Estas medidas están basadas en el uso de poderes ejecutivos discrecionales. La realidad práctica de la experiencia de las personas venezolanas desplazadas por necesidad se asemeja más a un sistema que presenta una tensión entre "humanitarismo y control" que privilegia el mantenimiento y manejo ordenado de flujos migratorios, limitado y restringido, a menudo a corto plazo, en lugar de a un marco basado en normas que oriente y coordine las respuestas locales, nacionales, regionales e internacionales con una perspectiva de derechos y de género. Además, como ya se ha mencionado, las medidas discrecionales *ad hoc* pueden generar diferentes tipos de regímenes de protección. Pueden también diferir en la forma en que conceptualizan la protección, lo que lleva a puntos de vista diferentes sobre lo que se requiere para cumplir con el *deber de protección* (que va desde la satisfacción de las necesidades humanitarias básicas hasta la creación de condiciones que propicien la integración a la sociedad) y el *alcance de la protección* (¿a quién se debe protección y en qué medida?), de forma tal que se genera un acceso desigual a la protección. Los ejemplos de Brasil y Colombia ilustran ambas cuestiones. El resultado es una brecha práctica significativa entre la promesa del marco legal progresista representada

CONCLUSIÓN 113

en las afirmaciones de protección *de facto* a todos los migrantes forzados y la realidad práctica a la que se enfrentan los desplazados por necesidad de Venezuela. Nuestro argumento aquí destaca dos puntos, uno metodológico y otro sustantivo.

El punto metodológico es que toda investigación y evaluación de los regímenes de protección no puede funcionar de manera sensata solo en base a los derechos refrendados en el derecho constitucional, regional o internacional, sino que debe abordar la forma en la cual operan esos derechos y la protección en la práctica. Esta tarea debe traer las voces de las mujeres y niñas, de modo que se puedan dar a conocer sus necesidades y reclamos específicos, y que las políticas y los regímenes de protección en general puedan adaptarse en consecuencia.

Por otro lado, el punto sustantivo es que las formas de gobernanza de la migración basadas en el uso discrecional de los poderes ejecutivos inhabilitan un régimen seguro de protección de los desplazados por necesidad y ponen de relieve la necesidad de un orden normativo que sea éticamente sólido, limite el margen discrecional y los incentivos políticos contingentes que afectan la gobernanza de la protección, y vincule respuestas municipales, nacionales, regionales e internacionales a un marco común.

Abordar la forma en que la protección opera en el terreno implica analizar cómo la viven aquellos que están sujetos al régimen de protección. En este caso, nuestro análisis utilizó la SSR como una lente privilegiada a través de la cual se puede abordar esta cuestión y su carácter de género. La SSR es central a la dignidad de mujeres y niñas, hecho reconocido en una amplia gama de convenciones y acuerdos internacionales. Su importancia justifica la decisión de huir de un contexto en el que no se dispone condiciones que aseguren adecuadamente la dignidad, como lo demuestra el desplazamiento venezolano. Sin embargo, la SSR también se ve en peligro durante el proceso de desplazamiento y puede seguir en peligro en los lugares de primera protección o de protección posterior al asentamiento. Los derechos a la SSR de las mujeres y niñas migrantes y refugiadas son asimismo cuestiones importantes de salud pública, que pueden tener efectos tanto en las personas desplazadas individuales como en la salud de la población. Existen sinergias reconocidas entre la buena salud y los resultados económicos y sociales relacionados con la salud. Sin embargo, como hemos demostrado, las oportunidades y las barreras a la promoción y el cumplimiento de los derechos de SSR de las mujeres y niñas en situación de desplazamiento siguen siendo un reto.

El testimonio de mujeres y niñas venezolanas desplazadas pone de manifiesto que las formas de paso pueden variar a lo largo de un continuo, yendo desde formas relativamente seguras a otras extremadamente inseguras, sobre todo teniendo en cuenta la perspectiva de la SSR. También pone en claro que el cierre de fronteras en contextos de desplazamiento forzado aumenta los riesgos de agresión sexual, explotación y trata a los que se ven expuestas las desplazadas por necesidad. Una vez que han llegado al Estado de protección, su acceso a los derechos de SSR enfrenta una serie de barreras relacionadas, por ejemplo, con el estatus, la documentación, el idioma, la cultura, los recursos y el empleo. Estas barreras son creadas o exacerbadas por la falta de formas de protección específicas de género que reconozcan que tanto la protección *que se ofrece* como *la forma en que se ofrece* deben abordar las necesidades específicas de las mujeres y niñas desplazadas. La protección es un bien relacional en el sentido de que su realización es producto de la relación entre, por un lado, los servicios de protección prestados y, por otro, la experiencia vivida en el acceso a estos servicios por parte de quienes requieren protección. El reconocimiento de este punto resalta la importancia de la participación inclusiva de mujeres y niñas en el régimen de protección. No se trata solamente de reconocer su dignidad como sujetos *de* protección (en lugar de simplemente ser sujetos *para* la protección) como un valor que fomenta la capacidad para el ejercicio de una agencia social efectiva. También tiene un valor epistémico significativo como mecanismo de retroalimentación crítica para evaluar si las prácticas de protección adoptadas por los actores institucionales brindan protección de una forma que es efectiva y que logra con éxito sus objetivos al estar en sintonía con las necesidades en el desplazamiento de las mujeres y niñas. Dichas necesidades, como ponen de manifiesto nuestras entrevistas con mujeres y niñas, incluyen de manera crucial formas de respeto que se manifiestan en la atención a las dimensiones de género, lingüísticas y culturales. Para que la protección sea efectiva y exitosa, es fundamental que quienes tienen derecho a ella no se vean como un mero problema humanitario que debe ser gestionado por (una serie de) agentes institucionales.

La protección de la SSR por supuesto no es únicamente una cuestión de provisión efectiva de derechos en materia de SSR en forma de acceso a servicios médicos adecuados, también depende de las características más generales del régimen de protección, tanto en los lugares de primera seguridad como en los lugares de protección permanente. Como señala nuestra descripción de los distintos tipos de responsabilidad que implica un régimen de protección y del papel de los diferentes agentes en relación con estos tipos de responsabilidad, la protección de la SSR está vinculada a la capacitación y la integración de las mujeres y niñas como agentes socialmente efectivos. Sin embargo, como destacamos anteriormente, la dotación de recursos para la protección está muy por debajo de lo necesario y esto indica una cuestión más amplia de la gobernanza mundial, a saber, la incapacidad de lograr un diálogo genuino entre normativas y agendas de protección y de desarrollo internacional. Este fracaso se ve confirmado por "la evaluación global [que] encontró que existen aún importantes brechas, en gran parte debido a la falta de financiación equitativa y adecuada dedicada a los servicios de salud sexual y reproductiva", que afecta especialmente a los entornos humanitarios (Khosla *et al.* 2019: 160).

Tanto el Pacto Mundial sobre Refugiados como ACNUR reconocieron la necesidad urgente de un reparto más equitativo de la responsabilidad de acoger y apoyar a los refugiados, así como de capacidades y recursos diferenciales entre los Estados. Sin embargo, el Pacto, un marco central que orienta la respuesta internacional a desplazamientos masivos de refugiados y situaciones de refugio prolongado, no es jurídicamente vinculante y, aunque define principios de cooperación, no consigue integrar el reparto efectivo de responsabilidades. Existen tres consecuencias adicionales que afectan la adopción de compromisos efectivos para la responsabilidad compartida de protección de las personas desplazadas, en particular las mujeres y niñas, y de soluciones duraderas para su integración social, económica y política y su agencia "en condiciones de seguridad y dignidad".

En primer lugar, el criterio de elegibilidad bajo la definición de refugiado aplicable, según lo dispuesto en los instrumentos internacionales o regionales, en virtud del mandato de ACNUR y/o en la legislación nacional, pasan por alto las condiciones de necesidad práctica que hacen que muchas personas, sobre todo mujeres y niñas, se vean obligadas a huir. De ahí nuestra afirmación de que los desplazados por necesidad deben recibir protección por esa razón. De lo contrario, los derechos de las personas desplazadas serán ignorados. Existe el reconocimiento de lo que se conoce como condiciones "similares a las de los refugiados", pero esta conceptualización ambigua favorece una mayor ambigüedad en las políticas de los países de acogida en relación con la decisión de aquellos que merecen ser protegidos y cómo. Igualmente, esto genera ambigüedades en la forma en la cual las instituciones financieras y de desarrollo internacionales y regionales se comprometen y apoyan infrastructuras de protección y política social más allá de la acción humanitaria de emergencia en respuesta a "crisis" y "riesgos" migratorios, en lugar de centrarse en los derechos humanos de los desplazados. Por lo tanto, existe un llamado urgente, aunque insatisfecho, para que se genere una cooperación efectiva y sostenible, y se amplíe la base y el reparto de responsabilidades transfronterizo y transnacional. Aunque en teoría se han hecho esfuerzos para desarrollar indicadores que midan el volumen de la ayuda oficial al desarrollo proporcionada a comunidades de acogida en países anfitriones y otros aspectos de políticas de respuesta a refugiados,[1] las declaraciones y los compromisos teóricos existentes seguirán siendo nominales, a menos que estas políticas se comprometan en la práctica a responder a las necesidades de los refugiados, con un enfoque de género, y que la comunidad internacional destine los recursos apropiados a esta respuesta sostenible.

En segundo lugar, el fortalecimiento del enfoque de género en la respuesta a las situaciones vividas por las mujeres y niñas forzosamente desplazadas requiere el apoyo de las comunidades de acogida y de los mismos desplazados. Muy poco se ha hecho para integrar las recomendaciones del Pacto Mundial sobre Refugiados en políticas nacionales con perspectiva de género, específicamente en relación con el acceso y cumplimiento de los derechos y la salud sexual y reproductiva, o para establecer políticas internacionales y regionales que otorguen responsabilidades a los Estados en relación a objetivos específicos de género. Si bien la Vicesecretaria General de la ONU, Amina Mohammed, reconoció, en 2018, que "los refugiados se encuentran entre los más rezagados",[2] las mujeres desplazadas se encuentran especialmente marginadas, aisladas y vulnerables debido a la desprotección. Como analizamos anteriormente, esta es la situación incluso en el caso de Estados como Colombia y Brasil, donde se han puesto en marcha políticas y programas "progresistas" para responder al desplazamiento masivo desde Venezuela.

En tercer lugar, las aspiraciones mundiales para las metas de salud de los ODS no pueden cumplirse sin garantizar que todas las perdonas migrantes y desplazadas puedan ejercer sus derechos, incluidos los derechos en materia de salud sexual y reproductiva. Sin embargo, si bien existe una retórica coherente en relación con las metas generales para no dejar a nadie atrás, únicamente uno de los ODS (ODS 10) habla de manera explícita acerca de refugiados. Aunque el Pacto Mundial sobre Refugiados es especialmente importante para alcanzar los ODS, no hay una integración de los objetivos de desarrollo en la aplicación de políticas a nivel estatal ni en las estrategias de financiación de la ayuda internacional y el apoyo humanitario, y desde luego sus directrices carecen de un enfoque de género.

Como Denare y Giuffre (2022) afirman de forma convincente, los marcos del Pacto Mundial sobre Refugiados y de los ODS parecen seguir caminos separados en relación con los objetivos de reducción de la pobreza y las desigualdades, el logro de la salud y el bienestar universales, al igual que la gestión de las fronteras y la vigilancia. Estos objetivos representan una meta (política) alejada de la promulgación efectiva de políticas basadas en los derechos humanos y la justicia migratoria. Los organismos de protección de las personas refugiadas y desplazadas forzosamente, en particular las mujeres y niñas, se encuentran en una posición privilegiada para trabajar con las agencias de ayuda internacional, las organizaciones regionales y las autoridades nacionales en un nuevo pacto social, como se sugiere en el Capítulo 5. Este contrato puede unificar estas metas e integrar tanto las políticas como los mecanismos de rendición de cuentas para evaluar a corto y mediano plazo aquellas medidas que tengan en cuenta las cuestiones de género, con el fin de mitigar las situaciones de crisis humanitaria y, a largo plazo, la seguridad económica, los medios de vida y la salud de las mujeres y niñas desplazadas, de forma que se salvaguarden sus derechos y oportunidades de llevar una vida digna.

Aplicar una perspectiva de género al "desplazamiento forzado" más allá del continuo "migrante-refugiado" y considerando las experiencias de las mujeres y niñas, como hemos hecho aquí, ofrece una visión más profunda de las prácticas institucionales, intersocietales e interseccionales permitiendo corregir no sólo dinamicas que reproducen las desigualdades de género, sino tambien aquellas que afectan fundamentalmente al ejercicio de los derechos de las poblaciones desplazadas. Para ello, hemos incorporando a nuestro análisis las voces de las mujeres y niñas desplazadas. Nuestra contribución aquí es, por lo tanto, triple:

1. a los enfoques de la "feminización" de la migración, y específicamente de la migración forzada, que identifican las vulnerabilidades y desigualdades de género;

2. al estudio del desplazamiento más allá de los enfoques estadocéntricos centrados en la gestión de la migración y más allá de la responsabilidad concebida como humanitarismo; y
3. a la articulación contextual de un marco alternativo para identificar los deberes de responsabilidad y protección que trascienda el binomio refugiado-migrante.

Al hacerlo, identificamos cuestiones éticas y jurídicas claves en torno a la ampliación del alcance de la protección. La protección debe tener en cuenta las cuestiones de género y reconocer que cualquier esfuerzo por romper ciclos de privación y exclusión que afectan a mujeres y niñas desplazadas debe privilegiar el cumplimiento del derecho a la salud, en particular el derecho a la salud sexual y reproductiva, como factor determinante del desarrollo sostenible y la agencia social de las personas desaplazadas.

Notas

Introducción

1. Nuestro análisis se basa en la definición integral de salud y derechos sexuales y reproductivos desarrollada por la Comisión Guttmacher-Lancet, que se centra en: la menstruación; anticoncepción para prevenir un embarazo no deseado; atención a las que experimentan un embarazo no deseado; atención prenatal, parto y postnatal para aquellas que llevan un embarazo a término; e información y servicios para la prevención y el manejo de infecciones de transmisión sexual, y la prevención y el manejo de la violencia sexual y de género como parte central de este proceso (véase, Starrs et al 2018).).

Capítulo UNO – El carácter de género de la migración forzada

1. Véase Refugee Data Finder [en línea], disponible en: www.unhcr.org/refugee-statistics/download/?url=pP3jV0
2. Véase ACNUR Refugee Data Finder: https://www.unhcr.org/refugeestatistics/download/?url=e7C00Y
3. Observación general No. 14: www.ohchr.org/sites/default/files/Documents/Publications/Factsheet31.pdf
4. El derecho de toda persona al disfrute del más alto nivel posible de salud (artículo 12, Pacto Internacional de Derechos Económicos, Sociales y Culturales), p10: https://documents-dds-ny.un.org/doc/UNDOC/GEN/G00/439/34/PDF/G0043934.pdf?OpenElement
5. Trochas es la palabra que las personas migrantes usan para describir los caminos alternativos e irregulares utilizados por los/las venezolanos/venezolanas y traficantes para cruzar las fronteras entre Venezuela-Brasil y Venezuela-Colombia de manera clandestina.

Capítulo DOS – La problemática distinción entre migrante y refugiado en América Latina

1. En adelante, la "Convención de 1951" o la "Convención sobre los Refugiados".
2. Convención de 1951, artículo 1 A(2) y el Protocolo de 1967, artículo1(2).
3. Véase, Feller et al (2003) para una visión general de estos avances.
4. El reasentamiento es la transferencia de refugiados desde un país de asilo hacia otro país que ha acordado aceptarlos y que les otorga residencia.
5. Además del hecho de que Colombia tiene una tasa muy baja de reconocimiento formal de refugiados en general, entre los lugares a los que los venezolanos han huido en América Latina (Argentina, Chile, Brasil, Perú, Colombia, México y Ecuador, entre otros), hasta el momento, sólo Brasil y México han reconocido a un número significativo de venezolanos

como refugiados pero, incluso allí, representan menos del 50 por ciento del número total de venezolanos en esos países.
6. Nótese que esto no quiere decir que todas las personas que son desplazados por necesidad requieran, o deban tener derecho a, exactamente la misma forma de protección. Puede darse, por ejemplo, el caso de que la protección de aquellos amenazados por la persecución estatal requiera un acceso más urgente a la ciudadanía en el Estado de asilo que aquellos que huyen de un desastre ambiental. Pero esto es secundario para nuestra preocupación actual con el tema más general del acceso a la protección internacional de los derechos humanos básicos.

Capítulo TRES – Marcos normativos de migración y asilo en América Latina

1. Declaración de Cartagena sobre Refugiados, "Coloquio Sobre la Protección Internacional de los Refugiados en América Central, México y Panamá: Problemas Jurídicos y Humanitarios", celebrado en Cartagena, Colombia, del 19 al 22 de noviembre de 1984. Véase: https://www.refworld.org/cgi-bin/texis/vtx/rwmain/opendocpdf.pdf?reldoc=y&docid=50ac93722
2. Véase la Declaración de Brasil: www.refworld.org/pdfid/5487065b4.pdf
3. Para consultar las definiciones, véase "Personas que son desplazadas por la fuerza, apátridas y otras personas de interés para ACNUR": https://popstats.unhcr.org/refugee-statistics/methodology/definition/
4. Véanse los datos del Ministerio de justicia de Brasil: www.acnur.org/portugues/wp-content/uploads/2018/01/refugio-em-numeros-2010-2016.pdf
5. Estos reclamos fueron hechos por defensores públicos, quienes emitieron una acción colectiva para suprimir las expulsiones forzadas durante la pandemia de COVID-19, en 2020. Véase informe de la Defensoría Pública (en portugués), disponible en: www.mpf.mp.br/am/sala-de-imprensa/docs/decisao-liminar-impedimento-a-deportacao-de-migrantes

Capítulo CUATRO – La protección del derecho humano a la salud de mujeres y niñas venezolanas desplazadas por necesidad

1. Para obtener una mayor información acerca de la normativa y las resoluciones relacionadas con los PEP, véase: https://www.migrationportal.org/es/resource/resolucion-5797-2017-permiso-especial-permanencia/#:~:text=Esta%20resolución%20establece%20la%20creación,manera%20regular%20en%20el%20país.

Capítulo CINCO – Responsabilidad y ética del desplazamiento forzado en América del Sur

1. Cabe anotar que este deber también se aplica al Estado del que huyen las personas, en el sentido de que impone a dicho Estado tanto el deber negativo de no tratar de impedir u obstaculizar que los desplazados por necesidad emprendan la huida y, más concretamente, accedan a las formas

de paso más seguras disponibles para viajar y cruzar la frontera hacia otro Estado, como el deber positivo de apoyar el paso seguro cuando y en la medida en que pueda hacerlo.
2. Sin embargo, otras cosas rara vez son iguales y algunos Estados a menudo han jugado un papel importante al contribuir injustamente o beneficiarse de las condiciones estructurales o circunstanciales que conducen a instancias de desplazamiento por necesidad (por ejemplo, el papel de los EE. UU. en América Latina durante los dos últimos siglos más o menos), lo que justifica que estén sujetos a deberes más exigentes.
3. Véase, Panorama Global Humanitario: https://gho.unocha.org/colombia
4. El objetivo 17 pretende "Fortalecer los medios de implementación y revitalizar la Alianza Mundial para el Desarrollo Sostenible": https://sdgs.un.org/es/goals/goal17
5. Véase el comunicado de prensa de CEPAL: https://www.cepal.org/es/comunicados/cepal-propone-pactos-politicos-sociales-amplia-participacion-mas-simetria-actores
6. Véanse lo indicadores para los ODS: https://unstats.un.org/sdgs/indicators/indicators-list/
7. Rastreador Global de Respuestas de Género a la COVID-19: https://data.undp.org/gendertracker/

Conclusión

1. Véase el Marco de Indicador del Pacto Mundial sobre los Refugiados: www.unhcr.org/5cf907854.pdf
2. Comunicado de prensa DSG/SM/1247-HR/5419-IHA/1462, 17 diciembre de 2018: https://press.un.org/en/2018/dsgsm1247.doc.htm

Referencias bibliográficas

Abubakar, I., Aldridge, R.W., Devakumar, D. y otros (2018) "The UCL-Lancet Commission on migration and health: the health of a world on the move", *The Lancet*, 392: 2606–54.
ACNUDH (2020) 'OHCHR guidance note: prohibition of evictions' [en línea]. Disponible en: www.ohchr.org/Documents/Issues/Housing/SR_housing_COVID-19_guidance_evictions.pdf [consultado el 17 de septiembre de 2022].
ACNUR (1951) Convención sobre el Estatuto de los Refugiados de 1951, artículo 1 (A) (2) y Protocolo de 1967, artículo 1 (2) [en línea]. Disponible en: https://www.acnur.org/media/convencion-sobre-el-estatuto-de-los-refugiados-de-1951 | [consultado el 7 de julio de 2021].
ACNUR (1961) Ratificación de la Convención de 1951 por Brasil, Decreto nº 50.215, del 28 de enero, 1961.
ACNUR (1972) Ratificación del Protocolo de 1967 por Brasil, Decreto 70.946 del 7 de agosto de 1972.
ACNUR (2001) UNHCR Refugee Statistics [en línea]. Disponible en: www.unhcr.org/refugee-statistics/download/?url=pP3jV0 [consultado el 10 de julio de 2021].
ACNUR (2002) *UNHCR Policy on Refugee Women and Guidelines on Their Protection: An Assessment of Ten Years of Implementation* [en línea]. Disponible en: www.refworld.org/pdfid/48aa83220.pdf [consultado el 7 de julio de 2022].
ACNUR (2005) 'UNHCR's Age and gender mainstreaming pilot project: Synthesis report', EPAU/2005/03.
ACNUR (2013) 'From 1975 to 2013: UNHCR's Gender Equality Chronology' [en línea]. Disponible en: www.unhcr.org/543b90796.pdf [consultado el 7 de septiembre de 2021].
ACNUR (2016) *UNHCR Review of Gender Equality in Operations* [en línea]. Disponible en: www.unhcr.org/uk/protection/women/57f3b9a74/unhcr-review-gender-equality-operations-2016.html [consultado el 7 de julio de 2021].
ACNUR (2017) *Achieving Gender Equality and Addressing Sexual and Gender-based Violence in the Global Compact on Refugees: Major Themes and Key Recommendations from the Five Thematic Discussions and the High Commissioner's Dialogue* [en línea]. Disponible en: www.unhcr.org/uk/5a72f2eb7.pdf [consultado el 7 de julio de 2021].
ACNUR (2018a) *Pacto Mundial sobre los Refugiados – Cuadernillo* [en línea]. Disponible en: www.unhcr.org/5c658aed4 [consultado el 7 de julio de 2021].
ACNUR (2018b) *Brazil Plan of Action. First Triennial Progress Report 2015–2017* [en línea]. Disponible en: www.refworld.org.es/pdfid/5c883e844.pdf [consultado el 20 de febrero de 2023].

ACNUR (2019) *Colombia Ficha Informativa* [en línea]. Disponible en: www.refworld.org.es/pdfid/5e69300f4.pdf [consultado el 11 de abril de 2022].

ACNUR (2020) *Venezuela Situation* [online]. Disponible en: www.unhcr.org/underfunding-2020/wp-content/uploads/sites/107/2020/09/Underfunding-2020-Venezuela.pdf [Accessed 7 September 2022]

ACNUR (2021) *ACNUR Ecuador: Salud* [en línea]. Disponible en: www.acnur.org/60b520094.pdf [consultado el 7 de julio de 2022].

ACNUR (2022) 'Refugee Data Finder' [en línea]. Disponible en: www.unhcr.org/refugee-statistics/download/?url=e7C00Y [consultado el 7 de julio de 2021].

Acosta Arcarazo, D. y Freier L.F. (2015) 'Turning the immigration policy paradox upside down? Populist liberalism and discursive gaps in South America', *International Migration Review*, 49(3): 659–96.

Acosta Arcarazo, D. y Geddes, A. (2014) 'Transnational diffusion or different models? Regional approaches to migration governance in the European Union and MERCOSUR', *European Journal of Migration and Law*, 16(1): 19–44.

Acosta, D. (2018) *The National Versus the Foreigner in South America: 200 Years of Migration and Citizenship Law*. Cambridge: Cambridge University Press.

Albaladejo, A. (2018) 'Contraceptive shortages mean Venezuela's people face a sexual health emergency', *BMJ* [en línea]. Disponible en: https://doi.org/10.1136/bmj.k1197 [Accessed 10 July 2021].

Aleinikoff, A. y Owen, D. (2022) 'Refugee protection: "Here" or "there"?', *Migration Studies* [en línea]. Disponible en: https://doi.org/10.1093/migration/mnac002 [consultado el 20 de septiembre de 2022].

Aleinikoff, A. y Zamore, L. (2019) *The Arc of Protection: Reforming the International Refugee Regime*. Stanford, CA: Stanford University Press.

Alta Comisionada de las Naciones Unidas para los Derechos Humanos (2019) 'Los derechos humanos en la República Bolivariana de Venezuela, Documento de las Naciones Unidas: A/HRC/41/18 [en línea]. Disponible en: https://documents-dds-ny.un.org/doc/UNDOC/GEN/G19/301/95/PDF/G1930195.pdf?OpenElement [consultado el 20 de febrero de 2023].

Amnesty International (2010) comunicado de prensa "Los abusos generalizados contra migrantes en México son una crisis de derechos humanos" [en línea]. Disponible en: www.amnesty.org/en/latest/news/2010/04/widespread-abuse-against-migrants-mexican-e28098human-right-crisise28099/ [consultado el 10 de julio de 2021].

Amnesty International (2018) 'Fleeing the country to give birth: the exodus of pregnant Venezuelan women' [en línea]. Disponible en: https://www.amnesty.org/es/latest/news/2018/05/huir-para-ver-la-luz-el-exodo-de-las-embarazadas-venezolanas/ [consultado el 10 de julio de 2021].

Amnesty International (2022) 'Desprotegidas: Violencia basada en género contra mujeres refugiadas venezolanas en Colombia y Perú' [en línea]. Disponible en: www.amnesty.org/es/documents/amr01/5675/2022/es/ [consultado el 10 de septiembre de 2022].

Angulo-Pasel, C. (2018) 'The journey of Central American women migrants: engendering the mobile commons', *Mobilities*, 13(6): 894–909.

Arbel, E., Dauvergne, C. y Milllbank, J. (eds) (2014) *Gender in Refugee Law: From the Margins to the Centre* (1st edn). Oxfordshire: Routledge.

REFERENCIAS BIBLIOGRÁFICAS

Asylum Access (2018) 'El derecho al trabajo de las personas solicitantes de asilo y refugiadas en américa latina y el caribe grupo articulador regional del plan de acción Brasil 2017' [en línea]. Disponible en: https://asylumaccess.org/wp-content/uploads/2019/07/Derechos-Laborales-Refugiadas-en-America-Latina-y-el-Caribe-final-ESP.pdf [consultado el 15 de abril de 2022].

Awad, I. y Natarajan, U. (2018) 'Migration myths and the Global South', *The Cairo Review of Global Affairs* [en línea]. Disponible en: www.thecairoreview.com/essays/migration-myths-and-the-global-south/ [consultado el 11 April de abril de 2021].

Bahamondes, L., Laporte, M., Margatho, D., de Amorim, H., Brasil, C., Charles, C.M., Becerra, A., Hidalgo M. *et al* (2020) 'Maternal health among Venezuelan women migrants at the border of Brazil', *BMC Public Health*, 20(1): 1771.

Bahar, D., Dooley, M. y Huang, C. (2018) *Integrating Venezuelans into the Colombian Labor Market. Mitigating Costs and Maximizing Benefits*. Washington DC: Brookings Global Economy and Development.

Banco Mundial (2018) 'Migración desde Venezuela a Colombia: impactos y estrategia de respuesta en el corto y mediano plazo', Colombia: Banco Mundial [en línea]. Disponible en: https://openknowledge.worldbank.org/bitstream/handle/10986/30651/131472SP.pdf [consultado el 12 de noviembre de 2021].

Banco Mundial (2021) 'Venezuela country overview' [en línea]. Disponible en: www.worldbank.org/en/country/venezuela/overview [consultado el 7 de julio de 2022].

Barot, S. (2017) 'In a state of crisis: meeting the sexual and reproductive health needs of women in humanitarian situations', *Guttmacher Policy Review*, 17: 24–30 [en línea]. Disponible en: www.guttmacher.org/sites/default/files/article_files/gpr2002417_1.pdf [consultado el 12 de noviembre de 2021].

Bastia, T. (2013) *Migration and Inequality*. London: Routledge.

Bastia, T. y Piper, N. (2019) 'Women migrants in the global economy: a global overview (and regional perspectives)', *Gender & Development*, 27(1):15–30.

Bauer, K. (2021) 'Extending and restricting the right to regularisation: lessons from South America', *Journal of Ethnic and Migration Studies*, 47(19): 4497–514.

Behrman, S. (2018) 'Refugee law as a means of control' *Journal of Refugee Studies*, 32(1): 42–62.

Beijing Declaration and Platform for Action (1995) *Resolution 1* [en línea]. Disponible en: www.un.org/womenwatch/daw/beijing/pdf/BDPfA%20E.pdf [consultado el 15 de septiembre de 2022].

Bengochea, J., Cabezas, G., Gandini, L., Herrera, G., Luzes, M., Montiel, C., *et al* (2020) 'COVID-19 y población migrante y refugiada. Análisis de las respuestas político-institucionales en ciudades receptoras de seis países de América Latina', en Vera, V. Adler, y F. Toro (eds) *Inmigrando: comprender Ciudades en Transición*. Buenos Aires: BID, páginas 749–82.

Betts, A., Costello, C. and Zaun, N. (2017) *A Fair Share: Refugees and Responsibility Sharing*. Stockholm: Delmi [en línea]. Disponible en: www.delmi.se/en/publications/report-and-policy-brief-2017-10-a-fair-share-refugees-and-responsibility-sharing/ [consultado el 17 de febrero de 2023].

Bolivar, L. (2020) 'Acnur y los venecos', Proyecto Migración Venezuela [en línea]. Disponible en: https://migravenezuela.com/web/articulo/acnur-y-los-venecos/1990 [consultado el 11 de abril de 2021].

Bowser, D.M., Agarwal-Harding, P., Sombrio, A.G., Donald, S., Shepard, D.S. y Harker Roa, A. (2022) 'Integrating Venezuelan migrants into the Colombian health system during COVID-19', *Health Systems & Reform*, 8: 1, DOI: 10.1080/23288604.2022.2079448.

Brandão, I. (2016) 'Roraima decreta emergência na Saúde por causa da imigração de venezuelanos', Roraima [en línea]. Disponible en: https://g1.globo.com/rr/roraima/noticia/2016/12/rr-decreta-emergencia-na-saude-por-causa-da-imigracao-de-venezuelanos.html consultado el 11 de abril de 2021].

Brazilian Declaration (2014)'A framework for cooperation and regional solidarity to strengthen protection of refugees, displaced and stateless persons in Latin America and the Caribbean', UNHCR/ACNUR [en línea]. Disponible en: www.acnur.org/5b5101644.pdf [consultado el 19 de septiembre de 2022].

Brumat, L. y Finn, V. (2021) 'Mobility and citizenship during pandemics: the multilevel political responses in South America', *Partecipazione e conflitto*, 14(1): 322–40.

Brumat, L. y Freier, F. (2020) 'South American de jure and de facto refugee protection: lessons from the South,' *ASILE* [en línea]. Disponible en: www.asileproject.eu/south-american-de-jure-and-de-facto-refugee-protection/ [consultado el 17 de febrero de 2023].

Bustreo, F. y Hunt, P. (2013) *Women's and children's health: evidence of impact of human rights*. World Health Organisation [en línea]. Disponible en: www.who.int/iris/handle/10665/84203 [consultado el 12 de noviembre de 2021].

Cantor, D., Freier, L. and Gauci, J.P. (2015) 'Introduction: A paradigm shift in Latin American immigration and asylum law and policy?' In: J.C. Cantor, J.P. Gauci and L.F. Freier (eds) *A Liberal Tide? Immigration and Asylum Law and Policy in Latin America*. London: School of Advanced Study, University of London, páginas1–10.

Cantor, D.J. (2013) 'European influence on asylum practices in Latin America: Accelerated procedures in Colombia, Ecuador, Panama and Venezuela', en H. Lambert, J. McAdam, y M. Fullerton, M. (eds) *The Global Reach of European Refugee Law*. Cambridge: Cambridge University Press, páginas 71–98.

CARE (2020) An unequal emergency: CARE rapid gender analysis of the refugee and migrant crisis in Colombia, Ecuador, Peru and Venezuela [en línea]. Disponible en: www.care-international.org/files/files/ENG_LAC_Regional_VZ_RGA_FINAL_compressed.pdf [consultado el 10 de julio de 2021].

CARE y ODI (2014) 'Women, migration and development: Investing in the future' [en línea]. Disponible en: www.odi.org/events/3978-women-migration-and-development-investing-future [consultado el 10 de mayo de 2021].

Caritas (2017) 'Children face hunger crisis in Venezuela as malnutrition soars'. Disponible en: https://www.caritas.org/2017/05/children-face-hunger-crisis-in-venezuela-as-malnutrition-soars/ [consultado].

Carreño-Calderón, A., Cabieses B., y Correa-Matus, M.E. (2020) 'Individual and structural barriers to Latin American refugees and asylum seekers' access to primary and mental healthcare in Chile: A qualitative study', *PLoS ONE*, 15(11): e0241153.

Cawthorne, A. (2014) '"Pregnant" schoolgirl display shocks Venezuelans', *Reuters* [en línea]. Disponible en: www.reuters.com/article/us-venezuela-mannequins-idUSKCN0IW26K20141112 [consultado el 12 de noviembre de 2021].

Ceriani Cernadas, P. (2018) 'Migration policies and human rights in Latin America: progressive practices, old challenges, worrying setbacks and new threats' Policy Brief, *Global Campus* [en línea]. Disponible en: https://repository.gchumanrights.org/bitstream/handle/20.500.11825/629/PolicyBrief_LatinAmerica_ok.pdf [consultado el 12 de noviembre de 2021].

Chant, S., Klett-Davies, M. y Ramalho J. (2017) *Challenges and Potential Solutions for Adolescent Girls in Urban Settings: A Rapid Evidence Review*. Londres: GAGE/ODI.

CIDH (Inter-American Commission on Human Rights) (2015) *Human Rights of Migrants, Refugees, Stateless Persons, Victims of Trafficking in Persons, and Internally Displaced Persons: Norms and Standards of the Inter-American Human Rights System (Human Mobility Report)*, OEA/Ser.L/V/II. Doc. 46/15. [en línea]. Disponible en: www.oas.org/en/iachr/reports/pdfs/humanmobility.pdf [consultado el 10 de septiembre de 2022].

Cintra, N. (2020) 'Legal colonialism and migration law: between survival strategies and the illusory protection of the law', *Network for Migration Matters* [en línea]. Disponible en: www.networkformigrationmatters.com/brazilian-migration-law [consultado el 16 de abril de 2022].

Collins, J. (2021) 'Closed borders aren't stopping Venezuelan migration, they're just making it more dangerous', *The New Humanitarian* [online]. Disponible en: www.thenewhumanitarian.org/news-feature/2021/5/27/hunger-and-COVID-19-drive-venezuelans-to-take-more-dangerous-routes-out [consultado el 10 de septiembre de 2021].

Comisión de Mujeres Refugiadas (2002) *UNHCR Policy on Refugee Women and Guidelines on their Protection: An Assessment of Ten Years of Implementation* [en línea]. Disponible en: www.womensrefugeecommission.org/research-resources/unhcr-policy-on-refugee-women-and-guidelines-on-their-protection-an-assessment-of-ten-years-of-implementation/ [consultado el 15 de septiembre de 2022].

Comisión Económica para América Latina y el Caribe (CEPAL)(2000) 'International migration and development in the Americas', Symposium on International Migration in the Americas, San José de Costa Rica [en línea]. Disponible en: https://repositorio.cepal.org/bitstream/handle/11362/6533/S017586_en.pdf [consultado el 22 de mayo de 2022].

Comité para la Eliminación de la Discriminación contra la Mujer (1999) CEDAW. Recomendación General No. 24: artículo 12 de la Convención (la mujer y la salud), A/ 54/38/Rev.1, Capítulo I [en línea]. Disponible en: www.refworld.org/docid/453882a73.html [consultado el 15 de septiembre de 2022].

Corte IDH (2020) *Cuadernillo de Jurisprudencia de la Corte Interamericana de Derechos Humanos No. 2: Personas en situación de migración o refugio/ Corte Interamericana de Derechos Humanos y Cooperación Alemana (GIZ)*

San José, C.R.: Corte IDH [en línea]. Disponible en: www.corteidh.or.cr/sitios/libros/todos/docs/cuadernillo2.pdf [consultado el 16 de abril de 2022].

Corte Interamericana de Derechos Humanos (2003) *Condición Jurídica y Derechos de los Migrantes Indocumentados*, Opinión Consultiva OC-18/03 17 de septiembre 2003, Series A No. 18, párrafo 112.

Crawley, H. y Skleparis, D. (2018) 'Refugees, migrants, neither, both: categorical fetishism and the politics of bounding in Europe's 'migration crisis', *Journal of Ethnic and Migration Studies*, 44(1): 48–64.

Cubillos-Novella, A., Bojorquez-Chapela, L. y Fernández-Niño, J. (2020) *Situational Report: Venezuelan migrants in Colombia and the COVID-19 pandemic* (versión en español), Lancet Migration [en línea]. Disponible en: https://1bec58c3-8dcb-46b0-bb2a-fd4addf0b29a.filesusr.com/ugd/188e74_dbcf1533c2994b47b039506a2cda3bde.pdf [consultado el 10 de julio de 2021].

DataSUS (2020) *Brazil. Ministry of Health* [en línea]. Disponible en: http://www2.datasus.gov.br/DATASUS/index.php?area=0202 [consultado el 20 de julio de 2022].

Del Real, D. (2022) 'Seemingly inclusive liminal legality: the fragility and illegality production of Colombia's legalization programmes for Venezuelan migrants', *Journal of Ethnic and Migration Studies*, 48(15): 3580–601.

Delgado Wise, R., Covarrubias, H. Márquez y Puentes, R. (2013) 'Reframing the debate on migration, development and human rights', *Population Space Place*, 19: 430–43.

Dembour, M.-B. y Kelly, T. (eds) (2012) *Are Human Rights for Migrants? Critical Reflections on the Status of Irregular Migrants in Europe and the United States* (Primera Edición). Oxfordshire: Routledge.

Denaro, C. y Giuffré, M. (2022) 'UN Sustainable Development Goals and the "refugee gap": leaving refugees behind?', *Refugee Survey Quarterly*, 41(1): 79–107.

Do Carmo Leal, M., Gomes, T. y Portela Y. (2022) 'Changing demographics, risks and challenges of Venezuelan forced migrant women and girls in Brazil', research paper presented at the ACUNS Conference, 23–25 de junio de 2022.

Doce, N. (2018) 'Venezuelan mothers-to-be head to Brazil to give birth', *Reuters* [en línea]. Disponible en: www.reuters.com/article/us-venezuela-migration-brazil-babies-idUSKCN1L713K [consultado el 22 de abril de 2022].

Doña-Reveco, C. (2022) 'Chile's welcoming approach to immigrants cools as numbers rise', Migration Information Source [en línea]. Disponible en: www.migrationpolicy.org/article/chile-immigrants-rising-numbers [consultado el 22 de abril de 2022].

Donatto, K. y Gabaccia, D. (2015) *Gender and International Migration: From the Slavery Era to the Global Age*. Nueva York: Russell Sage Foundation.

Doocy, S., Page, K., de la Hoz, F. y Spiegel, P. (2019) 'Venezuelan migration and the border health crisis in Colombia and Brazil', *Journal on Migration and Human Security*, 7(3): 79–91.

Dupraz-Dobias, P. (2022) 'Nowhere left to turn, part 2: In a region hit hard by COVID, the welcome for Venezuelan migrants wears thin', *The New Humanitarian* [en línea]. Disponible en: www.thenewhumanitarian. org/analysis/2022/07/14/South-America-Venezuelan-migrants-COVID consultado el 22 de abril de 2022].

Feller, E., Volker, T. y Nicholson, F. (2003) *Refugee Protection in International Law: UNHCR's Global Consultations on International Protection.* Cambridge: Cambridge University Press.

Fernandes, A, y Jubilut, L. (2018) 'A atual proteção aos deslocados forçados da Venezuela pelos países de América Latina'. En: R. Baeninger y J. C. Jarochinski Silva (eds) *Migrações Venezuelanas.* Campinas: NEPO/Unicamp, páginas 164–77.

Fernandes, V. y Oliveira V. (2021) 'PF invade brigo com mais de 50 mulheres e crianças venezuelanas em RR e ação cobra indenização por danos morais', Roraima G1 [en línea]. Disponible en: https://g1.globo.com/rr/roraima/ noticia/2021/03/18/pf-tenta-deportar-mais-de-50-mulheres-e-criancas-venezuelanas-de-abrigo-em-rr-e-acao-cobra-indenizacao-por-danos-morais. ghtml [consultado el 22 de abril de 2022].

Fitzgerald, D. (2019) *Refuge Beyond Reach: How Rich Democracies Repel Asylum Seekers.* Oxford: Oxford University Press.

Fleischman Y., Willen, S., Davidovitch, N. y Mor, Z. (2015) 'Migration as a social determinant of health for irregular migrants: Israel as case study', *Social Science and Medicine*, diciembre, 147: 89–97.

Fondo de Población de las Naciones Unidas (UNFPA) (2009) *A Companion to the Inter-Agency Field Manual on Reproductive Health in Humanitarian Settings.* Nueva York: UNFPA.

Freedman, J. (2010) 'Mainstreaming gender in refugee protection', *Cambridge Review of International Affairs*, 23(4): 589–607.

Freedman, J. (2016) 'Sexual and gender-based violence against refugee women: a hidden aspect of the refugee "crisis"', *Reproductive Health Matters*, 24(47): 18–26.

Freedman, J. (2017) 'Women's experience of forced migration: gender-based forms of insecurity and the uses of "vulnerability"', en: J. Freedman, Z. Kivilicim y N. Ozgur Bakacioglu (eds) *A Gendered Approach to the Syrian Refugee Crisis*, Londres: Routledge, pp 125–41.

Freier, L.F., Berganza, I. y Blouin, C. (2022) 'The Cartagena refugee definition and Venezuelan displacement in Latin America', *International Migration*, 60(1): 18–36.

G1 Roraima (2016) 'Justiça Federal em Roraima suspende deportação de 450 venezuelanos' [en línea]. Disponible en: https://g1.globo.com/rr/roraima/ noticia/2016/12/justica-federal-em-roraima-suspende-deportacao-de-450-venezuelanos.html.

García, L. (2019) 'Estándares del Sistema Interamericano de Derechos Humanos sobre garantías del debido proceso en el control migratorio', *Estudios De Derecho*, 77(169): 119–44.

Gerard, A.F. y Pickering, S. (2014) 'Gender, securitisation and transit: refugee women and the journey to the EU', *Journal of Refugee Studies*, 27(3): 338–59.

Gostin, L.O., Monahan, J.T., Kaldor, J., DeBartolo, M., Friedman, E.A., Gottschalk, K., *et al* (2019) 'The legal determinants of health: harnessing the power of law for global health and sustainable development', *The Lancet*, 393(10183): 1857–910.

Grugel, J. y Riggirozzi, P. (2012) 'Post-neoliberalism in Latin America: rebuilding and reclaiming the state after crisis', *Development and Change*, 43: 1–21.

Guerra, K. y Ventura, M. (2017) 'Bioética, imigração e assistência à saúde: tensões e convergências sobre o direito humano à saúde no Brasil na integração regional dos países', *Cadernos Saúde Coletiva*, 25(1): 123–29.

Hamlin, R. (2021) *Crossing: How We Label and React to People on the Move*. Stanford, CA: Stanford University Press.

Hammoud-Gallego, O. y Freier, L. (2022) 'Symbolic refugee protection: explaining Latin America's liberal refugee laws', *American Political Science Review*, 1–20.

Hennebry, J.L. y Petrozziello, A.J. (2019) 'Closing the gap? Gender and the global compacts for migration and refugees', *International Migration* [en línea]. Disponible en: https://onlinelibrary.wiley.com/doi/epdf/10.1111/imig.12640 [consultado el 21 de julio de 2021].

Herrera, G. (2013) 'Gender and international migration: contributions and cross-fertilizations', *Annual Review of Sociology*, 39: 471.

Ho, S., Javadi, D., Causevic, S., Langlois, E.V., Friberg, P. y Tomson, G.s (2019) 'Intersectoral and integrated approaches in achieving the right to health for refugees on resettlement: a scoping review', *BMJ Open*, 9(7):1–13.

Hujo, K. (2019) 'A Global Social contract: New steps towards a rights-based approach to migration governance?' *Global Social Policy*, 19(1–2): 25–8.

International Crisis Group (2022) *Hard Times in a Safe Haven: Protecting Venezuelan Migrants in Colombia*, Latin America Report N°94, 9 de Agosto de 2022 [en línea]. Disponible en: https://icg-prod.s3.amazonaws.com/094-protecting-venezuelans-in-colombia_0.pdf [consultado el 10 de septiembre de 2022].

Jubilut, L. (2007) *O Direito internacional dos refugiados e sua aplicação no ordenamento jurídico brasileiro*. São Paulo: Método.

Katja, H. y Piper N. (2015) 'Multiple forms of Migrant Precarity: Beyond 'Management' of Migration to an Integrated Rights-Based Approach' (UNRISD Event Brief). Ginebra: Instituto de Investigaciones de las Naciones Unidas para el Desarrollo Social.

Khosla, R., Krause, S. y Tanabe, M. (2019) 'Addressing the rights of women in conflict and humanitarian settings', en P. Allotey y D. Reidpath (eds) *The Health of Refugees: Public Health Perspectives from Crisis to Settlement*. Oxford: Oxford University Press.

Kneebone, S. (2019) 'Humanitarianism, refugees, human rights, and health'. En: P. Allotey y D. Reidpath (eds) *The Health of Refugees* (2nd edn). Oxford: Oxford University Press, páginas 19–38.

Krause, U. (2021) 'Colonial roots of the 1951 Refugee Convention and its effects on the global refugee regime', *Journal of International Relations and Development*, 24: 599–626.

La Opinión (2018) 'Brasileños expulsan a venezolanos de campamentos y queman sus cosas' [video, en línea]. Disponible en: https://laopinion.com/2018/08/19/video-brasilenos-expulsan-a-venezolanos-de-campamentos-y-queman-sus-cosas/ [consultado el 10 de septiembre de 2022].

Lenard, P (2020) 'Seeking asylum during the pandemic: on why borders must remain a little open', Centre for International Policy Studies (CIPS) [en línea]. Disponible en: www.cips-cepi.ca/2020/04/22/seeking-asylum-during-the-pandemic-on-why-borders-must-remain-a-little-open [consultado el 10 de septiembre de 2022].

Liberona, N. y Masilla M.A. (2017) 'Pacientes ilegítimos: Acceso a la salud de los inmigrantes indocumentados en Chile', *Salud Colectiva*, 13: 507–20.

Luigi-Bravo, G. y Kaur Gill, R. (2022) 'Safe abortion within the Venezuelan complex humanitarian emergency: understanding context as key to identifying the potential for digital self-care tools in expanding access', *Sexual and Reproductive Health Matters*, 29(3), DOI: 10.1080/26410397.2022.2067104.

Madise, N. y Onyango, B. (2017) 'Protecting female migrants from forced sex and HIV infection', *The Lancet*, 3(1): E2–E3.

Makuch, M.Y., Osis, M.J.D., Brasil, C., de Amorim, H.S.F. y Bahamondes, L. (2021) 'Reproductive health among Venezuelan migrant women at the north western border of Brazil: A qualitative study', *Journal of Migration and Health*, 4(100060): 1–8.

Malo, M.G. (2020) 'Access to formal employment and mobility: Colombian and Venezuelan forced migrants in Ecuador', discussion paper [en línea]. Disponible en: https://sas-space.sas.ac.uk/9328/ [consultado el 10 de septiembre de 2021].

Marillier, L. y Squires, D. (2018) 'Lacking birth control options, desperate Venezuelan women turn to sterilization and illegal abortion', *The Intercept*, [en línea]. Disponible en: https://theintercept.com/2018/06/10/venezuela-crisis-sterilization-women-abortion/ [consultado el 11 de abril de 2021].

Mármora, L. (2010) 'Modelos de gobernabilidad migratoria: La perspectiva política en América del Sur', *Revista Interdisciplinaria de Movilidad Humana*, 35, Año XVIII (julio-diciembre): 71–92.

Martin, S.F. (2010) 'Gender and the evolving refugee regime', *Refugee Survey Quarterly*, 29(2): 104–21. Disponible en: www.jstor.org/stable/45054457 [consultado el 11 de abril de 2021].

McAdam, J. (2014) 'Human rights and forced migration', en: E. Fiddian-Qasmiyeh, G. Loescher, K. Long y N. Sigona (eds) *The Oxford Handbook of Refugee and Forced Migration Studies*. Oxford: Oxford University Press, páginas 203–14.

Médicos sin Fronteras (2017) Forced to Flee Central America's Northern Triangle: A Neglected Humanitarian Crisis [en línea]. Disponible en: www.msf.org/sites/default/files/msf_forced-to-flee-central-americas-northern-triangle_e.pdf [consultado el 17 de febrero de 2023].

Médicos sin Fronteras (2020) 'No way out: The humanitarian crisis for migrants and asylum seekers trapped between the United States, Mexico and the Northern Triangle of Central America' [en línea]. Disponible en: www.msf.org/report-no-way-out-central-american-migration [consultado el 11 de abril de 2021].

Menjívar, C. y Walsh, S.D. (2017) 'The architecture of feminicide: the state, inequalities, and everyday gender violence in Honduras', *Latin American Research Review*, 52(2): 221–40.

Metusela, C., Ussher, J., Perz, J., Hawkey, A., Morrow, M., Narchal, R., Estoesta, J., y Monteiro, M. (2017) 'In my culture, we don't know anything about that ": sexual and reproductive health of migrant and refugee women', *International Journal of Behavioural Medicine*, 24(6): 836–45.

Meyer, S., Robinson, W., Branchini, C., Abshir, N., Mar, A. y Decker, M. (2018) 'Gender differences in violence and other human rights abuses among migrant workers on the Thailand– Myanmar border', *Violence Against Women*, 25(8): 945–67.

Moloney, A. (2019) 'As Venezuela's healthcare collapses, pregnant women, girls bear brunt of crisis', Reuters [en línea]. Disponible en: www.reuters.com/article/us-venezuela-health-women-idUSKCN1U32AS [consultado el 22 de abril de 2022].

Moulin, C. y Magalhães, B. (2020). 'Operation shelter as humanitarian infrastructure: material and normative renderings of Venezuelan migration in Brazil', *Citizenship Studies*, 24(5): 642–62.

Muntaner, C., Salazar, R.M., Benach, J. y Armada, F. (2006) 'Venezuela's Barrio Adentro: an alternative to neoliberalism in health care', *International Journal of Health Services: Planning, Administration, Evaluation*, 36(4): 803–11.

Naciones Unidas2006) 'Feminization of migration, remittances, migrants' rights, brain drain among issues, as population commission concludes debate', Session 39, UN Commission on Population and Development Press Release [en línea]. Disponible en: https://press.un.org/en/2006/pop945.doc.htm [consultado el 10 de julio de 2021].

Ní Ghráinne, B. (2020) 'Safe zones and the internal protection alternative', *International and Comparative Law Quarterly*, 69(2): 335–64.

Obach, A., Hasen, F., Cabieses, B., D'Angelo, C. y Santander, S. 'Conocimiento, acceso y uso del sistema de salud en adolescentes migrantes en Chile: resultados de un estudio exploratorio', *Rev Panam Salud Publica*, diciembre 30(44): e175. DOI: 10.26633/RPSP.2020.175

Oficina del Alto Comisionado de las Naciones Unidas para los Derechos Humanos (ACNUDH) (2018) 'Human rights violations in the Bolivarian Republic of Venezuela: a downward spiral with no end in sight' [en línea]. Disponible en: www.ohchr.org/sites/default/files/Documents/Countries/VE/VenezuelaReport2018_EN.pdf [consultado el 11 de abril de 2022].

OIM (2018b) *Informe sobre las Migraciones en el Mundo* [en línea]. Disponible en: https://publications.iom.int/system/files/pdf/wmr_2018_sp.pdf [consultado el 10 de septiembre de 2022].

OIM (2021a) 'DTM general report focused on refugee and migrants children, on a long stay or street situation', IOM Mission in Colombia [en línea]. Disponible en: https://displacement.iom.int/reports/colombia-dtm-focused-refugee-and-migrants-children-long-stay-or-street-situation [consultado el 11 de abril de 2022].

OIM (2021b) 'Venezuela regional response: gender-based violence and risk factors for migrant and refugee women from Venezuela during the migration journey' [en línea]. Disponible en: https://dtm.iom.int/reports/venezuela-regional-response-%E2%80%94-gender-based-violence-and-risk-factors-migrant-and-refugee [consultado el 10 de septiembre de 2022].

OMS (2008) *El Derecho a la Salud*, Folleto Informativo No. 31 [en línea]. Disponible en: https://acnudh.org/load/2018/04/31_Factsheet31sp.pdf [consultado el 7 de julio de 2021].

ONU Mujeres (2016) *Guide on Mainstreaming Migration into Development Planning from a Gender Perspective* [en línea]. Disponible en: www.unwomen.org/sites/default/files/Field%20Office%20ESEAsia/Docs/Publications/2016/10/UN%20WOMEN%20GUIDE%20ON%20MAINSTREAMING%207-27-16.pdf [consultado el 10 de septiembre de 2022].

OPS (2019b) 'Technical brief: gender equality in addressing the causes and consequences of the health of migrant women' [en línea]. Disponible en: www.paho.org/hq/index.php?option=com_docman&view=download&slug=international-women-day-2019-technical-note-eng&Itemid=270&lang=en [consultado el 7 de septiembre de 2021].

Organización Internacional para las Migraciones (OIM) (2018a) "Tendencias Migratorias nacionales en las Américas [en línea]. Disponible en: https://robuenosaires.iom.int/sites/g/files/tmzbdl626/files/documents/Tendencias_Migratorias_Nacionales_en_AmericasVenezuela-EN_Septiembre_2018.pdf [consultado el 10 de abril de 2022].

Organización Mundial de la Salud (OMS) (2003) *Migración Internacional, Salud y derechos Humanos* [en línea]. Disponible en: http://apps.who.int/iris/bitstream/handle/10665/43168/9243562533_spa?sequence=1 [consultado el 7 de julio de 2021].

Organización Panamericana de la Salud (OPS) (2019a) *Gender Equality in Addressing the Causes and Consequences of the Health of Migrant Women*, resumen técnico [en línea]. Disponible en: www.paho.org/hq/index.php?option=com_docman&view=download&slug=international-women-day-2019-technical-note-eng&Itemid=270&lang=en [consultado el 7 de septiembre de 2021].

Owen, D. (2018) 'Refugees and shared responsibilities of justice', *Global Justice*, 11(1): 23–44.

Owen, D. (2020) *What Do We Owe to Refugees?* Cambridge: Polity.

Owen, D. (2021) 'Solidarity and the politics of redress: structural injustice, history and counter-finalities', *Ethic Theory Moral Practice*, 24: 1213–27.

Petrinioti, S., Tastsoglou, E. y Karagiannopoulou, C. (2021) 'The gender-based violence and precarity nexus: asylum-seeking women in the Eastern Mediterranean', *Frontiers in Human Dynamics*, 3(27).

Pierola, M. y Rodríguez Chatruc, M. (2020) *Migrants in Latin America: Disparities in Health Status and in Access to Healthcare*, discussion paper IDB-DP-00784, Washington, DC: Banco Interamericano de Desarrollo [en línea]. Disponible en: https://publications.iadb.org/publications/english/document/Migrants-in-Latin-America-Disparities-in-Health-Status-and-in-Access-to-Healthcare.pdf [consultado el 20 de febrero de 2023].

Piper, N. (2009) *Migration and Social Development: Organizational and Political Dimensions. Social and Development Programme Paper 39*, Ginebra: Instituto de Investigaciones de las Naciones Unidas para el Desarrollo Social.

Profamilia (2020) *Health Services Inequalities Affecting the Venezuelan Migrant and Refugee Population in Colombia: How to Improve the Local Response to the Humanitarian Emergency?* [en línea]. Disponible en: https://profamilia.org.co/wp-content/uploads/2020/06/Health-services-inequalities-affecting-the-Venezuelan-migrant-and-refugee-population-in-Colombia-how-to-improve-the-local-response-to-the-humanitarian-emergency.pdf [consultado el 10 de septiembre de 2022].

R4V (2022) "R4V América Latina y el Caribe, Refugiados y Migrantes Venezolanos en la Región - Febrero 2022" [en línea]. Disponible en: https://www.r4v.info/es/document/r4v-america-latina-y-el-caribe-refugiados-y-migrantes-venezolanos-en-la-region-febrero-1 [consultado el de septiembre de 2022].

Reed-Hurtado, M. (2013) *The Cartagena Declaration on Refugees and the Protection of People Fleeing Armed Conflict and Other Situations of Violence in Latin America*, Ginebra, ACNUR [en línea]. Disponible en: www.refworld.org/pdfid/51c801934.pdf [consultado el 10 de septiembre de 2022].

Reeds-Sandoval, A. (2020) *Socially Undocumented: Identity and Immigration Justice*. Oxford: Oxford University Press.

Restrepo, J.P., Jaramillo, J., y Torres, M. (2018) *Venezuelans in Colombia: Understanding the Implications of the Migrants Crisis in Maicao (La Guajira)*. Viena, VA: SARAYA International.

Riggirozzi, P. (2012) 'Region, regionness and regionalism in Latin America: towards a new synthesis', *New Political Economy*, 17(4): 421–43.

Riggirozzi, P. (2017) 'Regional integration and welfare: framing and advocating pro-poor norms through southern regionalisms', *New Political Economy*, 22(6): 661–75.

Riggirozzi, P. (2021) 'Everyday political economy of human rights to health: dignity and respect as an approach to gendered inequalities and accountability', *New Political Economy*, 26(5): 735–47.

Riggirozzi, P. y Ryan, M. (2022) 'The credibility of regional policymaking: insights from South America', *Globalizations*, 19(4): 604–19.

Riggirozzi, P. y Yeates, N. (2015) 'Locating regional health policy: Institutions, politics, and practices', *Global Social Policy*, 15(3), 212–28.

Riggirozzi, P., Curcio, B., Lines, T. y Cintra, N. (2023) *Moving Forward: Health, Care and Violence Seen Through the Eyes of Displaced Venezuelan Women in Brazil*. Londres: Latin American Bureau/ Practical Action Publishing.

Riggirozzi, P., Grugel, J. y Cintra, N. (2020) 'Situational brief: perspective on migrants' right to health in Latin America during COVID-19', *Lancet Migration*, junio [en línea]. Disponible en: https://1bec58c3-8dcb-46b0-bb2a-fd4addf0b29a.filesusr.com/ugd/188e74_543cbb0400824084abcea99479dfa124.pdf?index=true [consultado el 10 de septiembre de 2022].

Rivillas, J.C., Devia Rodriguez, R., Song, G. y Martel, A. (2018) 'How do we reach the girls and women who are the hardest to reach? Inequitable opportunities in reproductive and maternal health care services in armed conflict and forced displacement settings in Colombia', *PLoS ONE*, 13(1): e0188654 [en línea]. Disponible en: https://journals.plos.org/plosone/article?id=10.1371/journal.pone.0188654 [consultado el 11 de abril de 2022].

Rivillas-García, J.C., Cifuentes-Avellaneda, Á., Ariza-Abril, J.S., Sánchez-Molano, M. y Rivera-Montero, D. (2020) 'Venezuelan migrants and access to contraception in Colombia: a mixed research approach towards understanding patterns of inequality', *Journal of Migration and Health*, 11(3)100027: 1-10, DOI: 10.1016/j.jmh.2020.100027.

Rosen, M. (2012) *Dignity: Its History and Meaning*. Cambridge, MA: Harvard University Press.

Roth, B. (2021) 'Temporary shelter: Venezuelan Migrants and the uncertainty of waiting in Colombia', *Journal of Immigrant & Refugee Studies*, DOI: 10.1080/15562948.2021.1974147

Sahraoui, N. y Tyszler, E. (2021) 'Tracing colonial maternalism within the gendered morals of humanitarianism: experiences of migrant women at the Moroccan–Spanish Border', *Frontiers in Human Dynamics*, 3: 642326.

Selee, A. y Bolter, J. (2022) 'Colombia's open-door policy: an innovative approach to displacement?' *International Migration*, 60(1): 113–31.

Selee, A., Bolter, J., Muñoz-Pogossian, B. y Hazán, M. (2019) *Creativity Amid Crisis: Legal Pathways for Venezuelan Migrants in Latin America*. Washington, DC: Migration Policy Institute and Organization of American States [en línea]. Disponible en: www. migrationpolicy.org/research/legal-pathways-venezuelan-migrants-latin-america [consultado el 10 de septiembre de 2022].

Shacknove, A. (1985) 'Who is a refugee?' Ethics, 95(2): 274–84. Shue, H. (1988) 'Mediating duties', Ethics, 98(4): 687–704.

Shue, H. (1995) *Basic Rights: Subsistence, Affluence and US Foreign Policy*. New Haven, CT: Princeton University Press.

Soria-Escalante, H., Alday-Santiago, A., Alday-Santiago, E., Limón- Rodríguez, N., Manzanares-Melendres, P. y Tena-Castro, A. (2022) '"We all get raped": sexual violence against Latin American women in migratory transit in Mexico', *Violence Against Women*, 28(5): 1259–81.

Starrs, A.M., Ezeh, A.C., Barker, G., Basu, A, Bertrand, J.T., Blum, R., et al (2018) 'Accelerate progress – sexual and reproductive health and rights for all: report of the Guttmacher- Lancet Commission', *The Lancet*, 391(10140): 2642–92 [en línea]. Disponible en: www.thelancet.com/pdfs/journals/lancet/PIIS0140-6736(18)30293-9.pdf [consultado el 7 de septiembre de 2021].

Surita, T (2020) 'Boa Vista, the early childhood capital, faces prejudice and Covid-19', Early Childhood Matters [en línea]. Disponible en: https://earlychildhoodmatters.online/wp-content/uploads/2020/11/ECM2020_Leadership_Boa-Vista-the-Early-Childhood-capital-faces-prejudice-and-Covid-19.pdf [consultado el 10 de septiembre de 2022].

Tavares, N. y Cabral, V. (2020) 'The application of the Cartagena Declaration on refugees to Venezuelans in Brazil: An analysis of the decision-making process by the National Committee for Refugees', *Latin American Law Review*, 5: 121–37.

Telesur (2016) 'Cuba-Venezuela mission to prevent blindness helps 3.5 million' [en línea]. Disponible en: www.telesurenglish.net/news/CubaVenezuela-Mission-to-Prevent-Blindness-Helps-3.5-Million-20140722-0036.html [consultado el 22 de abril de 2022].

Temin, M., Montgomery, M.R., Engebretsen, S. y Barker, K.M. (2013) *Girls on the Move: Adolescent Girls & Migration in the Developing World. Population Council* [en línea]. Disponible en: http://www.popcouncil.org/research/girls-on-the-move-adolescent-girls-migration-in-the-developing-world [consultado el 7 de julio de 2022].

The Lancet (2018) 'The collapse of the Venezuelan health system', *The Lancet*, 391(10128): 1331 [en línea]. Disponible en: www.thelancet.com/journals/lancet/article/PIIS0140-6736(16)00277-4/fulltext [consultado el 11 de abril de 2022].

Tinker, C. y Sartoretto, L. (2018) 'New trends in migratory and refugee law in Brazil: the expended refugee definition', *Panorama of Brazilian Law*, 3(3–4): 143–69.

UNFPA (2018) "Cinco motivos por los que la migración es una cuestión feminista" [en línea]. Disponible en: www.unfpa.org/es/news/migración-feminista [consultado el 10 de septiembre de 2022].
UNICEF (2021) BRASIL: Increased Migration Influx in Pacaraima Flash Situation Report No. 1 [en línea]. Disponible en: www.unicef.org/media/107836/file/Brazil-Flash-SitRep-28-September-2021.pdf [consultado el 7 de julio de 2022].
Valdez, E.S., Valdez, L.A. y Sabo, S. (2015) 'Structural vulnerability among migrating women and children fleeing Central America and Mexico: The public health impact of "Humanitarian Parole"', Frontiers in Public Health, 3:163.
Van Praag, O. (2019) 'Understanding the Venezuelan refugee crisis', Wilson Center [en línea]. Disponible en: www.wilsoncenter.org/article/understanding-the-venezuelan-refugee-crisis [consultado el 20 de agosto de 2022].
Vázquez-Quesada, L.M., Peña, J. y Vieitez-Martínez, I. (2021) *Necesidades y atención en salud sexual y reproductiva de mujeres migrantes en México. Un estudio desde Ciudad Juárez, Chihuahua*, Volumen I. México: Population Council y El Colegio de la Frontera Norte.
Ventura, D., Martins da Silva, J., Calderón, L. y Eguiluz, I. (2021) 'Migration, migrants, and health in Latin America and the Caribbean', Oxford Research Encyclopedia of Global Public Health [en línea]. Disponible en: https://oxfordre.com/publichealth/view/10.1093/acrefore/9780190632366.001.0001/acrefore-9780190632366-e-323 [consultado el 20 de agosto de 2022].
Vera Espinoza, M., Jubilut, L. y Mezzanotti, G. (2021) *Latin America and Refugee Protection: Regimes, Logics, and Challenges*. Oxford: Berghan Books.
Waldron, J. (2012) The Harm in Hate Speech. Cambridge, MA: Harvard University Press.
Walsham, M. (2022) *Gender and Global Migration Governance for South-South Migration*, working paper, MIDEQ: Migration for Development & Equality, Enero [en línea]. Disponible en: https://southsouth.contentfiles.net/media/documents/Gender_and_Global_Migration_Governance_for_South-South_Migration_Working_Paper.pdf [consultado el 20 de julio de 2022].
Ward, J. y Marsh, M. (2006) *Sexual violence against women and girls in war and its aftermath: realities, responses and required resources*, Population Fund Briefing Paper [en línea]. Disponible en: https://gsdrc.org/document-library/sexual-violence-against-women-and-girls-in-war-and-its-aftermath-realities-responses-and-required-resources [consultado el 20 de julio de 2022].
Webb-Vidal, A. y Frank, M. (2004) 'Venezuela and Cuba trade oil for doctors', *Financial Times* [en línea]. Disponible en: www.ft.com/content/12bd92f8-1bae-11d9-8af6-00000e2511c8 [consultado el 20 de julio de 2022].
Welsh, T (2021) 'In Brief: Legal status for Venezuelans in Colombia to improve vaccine access', devex [en línea]. Disponible en: www.devex.com/news/in-brief-legal-status-for-venezuelans-in-colombia-to-improve-vaccine-access-99118 [consultado el 20 de agosto de 2022].
Whelan, A. y Blogg, J. (2007) '"Halfway People": refugee views of reproductive health services', *Global Public Health*, 2: 373–94.

Wickramage, K. y Annunziata, G. (2018) 'Advancing health in migration governance, and migration in health governance', *The Lancet*, 10164: 2528–30.

Wolf, A. (2020) *Just Immigration in the Americas: A Feminist Account*, Lanham, ML: Rowman & Littlefield Publishers.

Yamin, A.E. (2016) *Power, Suffering, and the Struggle for Dignity: Human Rights Frameworks for Health and Why They Matter*. Philadelphia, PA: University of Pennsylvania Press.

Zambrano-Barragán, P., Ramírez Hernández, S., Feline Freier, L., Luzes, M., Sobczyk, R., Rodríguez, A. y Beach, C. (2021) 'The impact of COVID-19 on Venezuelan migrants' access to health: A qualitative study in Colombian and Peruvian cities', *Journal of Migration and Health*, 3 [en línea]. Disponible en: https://doi.org/10.1016/j.jmh.2020.100029 [consultado el 7 de julio de 2022].

Zapata, G. y Tapia Wenderoth, V. (2021) 'Progressive legislation but lukewarm policies: The Brazilian response to Venezuelan displacement', *International Migration*, 60(1): 132–51.

Zapata, G.P. y Prieto Rosas, V. (2020) 'Structural and contingent inequalities: the impact of covid-19 on migrant and refugee populations in South America', *Bulletin of Latin America Research*, 39: 16–22 [en línea]. Disponible en: https://onlinelibrary.wiley.com/doi/10.1111/blar.13181 [consultado el 7 de julio de 2022].

Zetter, R. (2007) 'More labels, fewer refugees: remaking the refugee label in an era of globalization', *Journal of Refugee Studies*, 20(2): 172–92.

Zuccarelli, G. (2022) 'Female refugee and asylum seekers, and gender injustice: the "effacement", a new face of oppression', Tesis doctoral, Universidad de Milán.

www.ingramcontent.com/pod-product-compliance
Lightning Source LLC
Chambersburg PA
CBHW071714020426
42333CB00017B/2268